Investigadores de reconhecido mérito, nos mais diversos campos do pensamento filosófico, contribuem, com o seu trabalho, para transmitir ao leitor, especialista ou não, o saber que encerra a Filosofia.

O SABER DA FILOSOFIA

1. *A Epistemologia*, Gaston Bachelard
2. *Ideologia e Racionalidade nas Ciências da Vida*, Georges Canguilhem
3. *A Filosofia Crítica de Kant*, Gilles Deleuze
4. *O Novo Espírito Científico*, Gaston Bachelard
5. *A Filosofia Chinesa*, Max Kaltenmark
6. *A Filosofia da Matemática*, Ambrogio Giacomo Manno
7. *Prolegómenos a Toda a Metafísica Futura*, Immanuel Kant (agora na colecção TEXTOS FILOSÓFICOS, n.º 13)
8. *Rousseau e Marx (A Liberdade Igualitária)*, Galvanno Delia Volpe
9. *Breve História do Ateísmo Ocidental*, James Thrower
10. *Filosofia da Física*, Mário Bunge
11. *A Tradição Intelectual do Ocidente*, Jacob Bronowski e Bruce Mazlish
12. *Lógica como Ciência Histórica*, Galvano Delia Volpe
13. *História da Lógica*, Robert Blanché e lacques Dubucs
14. *A Razão*, Gilles-Gaston Granger
15. *Hermenêutica*, Richard E. Palmer
16. *A Filosofia Antiga*, Emanuele Severino
17. *A Filosofia Moderna*, Emanuele Severino
18. *A Filosofia Contemporânea*, Emanuele Severino
19. *Exposição e Interpretação da Filosofia Teórica de Kant*, Felix Grayeff
20. *Teorias da Linguagem, Teorias da Aprendizagem*, Jean Piaget e Moam Chomsky
21. *A Revolução na Ciência (1500-1750)*, A. Rupert Hall
22. *Introdução à Filosofia da História de Hegel*, Jean Hyppolite
23. *As Filosofias da Ciência*, Rom Harré
24. *Einstein: uma leitura de Galileu a Newton*, Françoise Balibar
25. *As Razões da Ciência*, Ludovico Geymonat e Giulio Giorello
26. *A Filosofia de Descartes*, John Cottingham
27. *Introdução a Heidegger*, Gianni Vattimo
28. *Hermenêutica e Sociologia do Conhecimento*, Susan J. Hekman
29. *Epistemologia Contemporânea*, Jonathan Darcy
30. *Hermenêutica Contemporânea*, Josef Bleicher
31. *Crítica da Razão Científica*, Kurt Hubner
32. *As Políticas da Razão*, Isabelle Stenghers
33. *O Nascimento da Filosofia*, Giorgio Colli
34. *Filosofia da Religião*, Richard Schaeffler
35. *A Fenomenologia*, Jean-François Lyotard
36. *A Aristocracia e os Seus Críticos*, Miguel Morgado
37. *As Andanças de Cândido. Introdução ao Pensamento Político do Século XX*, Miguel Nogueira de Brito
38. *Introdução ao Pensamento Islâmico*, Abdullah Saeed

A Epistemologia

Título original:
L'épistémologie

© Presses Universitaires de France, 1971

Tradução:
Fátima Lourenço Godinho
e Mário Carmino Oliveira

Capa: FBA

Depósito Legal n.º 246396/06

Biblioteca Nacional de Portugal – Catalogação na Publicação

BACHELARD, Gaston, 1884-1962

A epistemologia. – Reimp. – (O Saber da Filosofia; 1)
ISBN 978-972-44-1268-9

CDU 165

Paginação:
MA

ISBN da 1.ª edição: 972-44-0232-0

Direitos reservados para Portugal por
EDIÇÕES 70

EDIÇÕES 70, Lda.
Avenida Engenheiro Arantes e Oliveira, n.º 11 - 3.º C 1900-221 Lisboa
Telefs.: 213 190 240 – Fax: 213 190 249
e-mail: geral@edicoes70.pt

www.edicoes70.pt

Esta obra está protegida pela lei. Não pode ser reproduzida,
no todo ou em parte, qualquer que seja o modo utilizado,
incluindo fotocópia e xerocópia, sem prévia autorização do Editor.
Qualquer transgressão à lei dos Direitos de Autor será passível
de procedimento judicial.

A Epistemologia
Gaston Bachelard

ADVERTÊNCIA

Uma palavra sobre o princípio que guiou a escolha destes textos. *Ela tenta responder a uma exigência dupla e contraditória: dar acesso fácil a uma epistemologia que fez precisamente da dificuldade a marca distintiva do trabalho produtivo – científico e filosófico. Assim, por preocupação de ordem pedagógica, reproduzimos* in extenso os *exemplos que não requerem uma informação científica demasiado especializada, correndo o risco de trazer até ao leitor textos de uma extensão não habitual nesta colecção; por outro lado, evitámos-lhe a aridez das páginas onde a transcrição do pormenor dos cálculos poderia desagradar. Mas não quisemos com isso alimentar certa imagem – demasiado espalhada – de um bachelardismo indulgente, que, baseando-se somente numa leitura acrítica da obra ambígua que é* A formação do espírito científico, *se reduziria à justaposição inorgânica de alguns princípios metodológicos gerais, de certos conselhos pedagógicos judiciosos e de várias notações de fina psicologia mais ou menos unificadas sob o amável estandarte de uma psicanálise adocicada. A realidade da epistemologia bachelardiana é bem outra: é constituída por uma atenção aplicada, durante perto de um quarto de século, aos progressos contemporâneos das ciências física e química, por uma vigilância polémica sem desfalecimentos relativamente às teorias filosóficas do conhecimento e fruto destes interesses combinados, por uma rectificação progressiva, numa autopolémica constante, das suas próprias categorias.*

A ordem aqui adoptada pretenderia dar conta deste triplo carácter. *O leitor terá já compreendido que, por princípio, esta recolha não pretende dar um quadro sistemático da epistemologia de Bachelard: é que, no seu «recomeçar» perpétuo, ela exclui a forma do sistema para fazer do seu inacabamento essencial o índice da sua progressividade.*

Que não se tome, portanto, a vizinhança de textos aparentemente semelhantes por simples repetições: cada um marca uma etapa do trabalho bachelardiano; não nos admiremos também por ver estes textos acabarem numa série de questões *teóricas conduzindo à História das Ciências: é que esta «epistemologia histórica» abria o campo a uma nova disciplina, onde outras, depois, se introduziram, «a história epistemológica das ciências». Não reside aí o seu menor interesse.*

LISTA DAS OBRAS EPISTEMOLÓGICAS DE BACHELARD

(Abreviaturas empregadas)

Livros

Essai sur la connaissance approchée, Ed. Vrin, 1928 *(Essai)*.
Étude sur l'évolution d'un problème de physique, Ed. Vrin, 1928 *(Étude)*.
La valeur inductive de la relativité, Ed Vrin, 1929 *(Valeur inductive)*.
Le pluralisme cohérent de la chimie modeme, Ed. Vrin. 1932 *(Pluralisme)*.
Les intuitions atomistiques, Ed. Boivin, 1933 *(Intuitions)*.
Le nouvel esprit scientifique, Presses Universitaires de France, 1934 *(Nouvel Esprit)*.
La dialectique de la durée, Presses Universitaires de France, 1936.
L'expérience de l'espace dans la physique contemporaine, Presses Universitaires de France, 1937 *(Expérience)*.
La formation de l'esprit scientifique, Ed. Vrin, 1938 *(Formation)*.
La philosophie du Non, Presses Universitaires de France, 1940 *(Philosophie)*.
Le rationalisme appliqué, Presses Universitaires de France, 1949 *(Rationalisme)*.
L'activité rationatiste de la physique contemporaine, Presses Universitaires de France, 1951 *(Activité)*.
Le matérialisme rationnel, Presses Universitaires de France, 1953 *(Matérialisme)*.
La psychanalyse du feu, Gallimard, collection «Idées» *(Psychanalyse)*.

Artigos principais

La richesse d'inférence de la physique mathématique, *Scientia*, 1928.
Noumène et microphysique, *Recherches philosophiques*, I, 1931 (reproduzido in *Études*, Vrin, 1970).
Le Monde comine caprice et miniature, *Recherches philosophiques*, III, 1933 (reproduzido in *Études*, Vrin, 1970).
Idéalisme discursif, *Recherches philosophiques*, IV, 1934 (reproduzido in *Études*, Vrin, 1970).
Le surrationalisme, *Inquisitions*, n.º 1, 1936 (reproduzido in *L'engagement rationaliste*, P.U.F., 1972).
Lumière et substance, *Revue de Métaphysique et de Morde*, 1938 (reproduzido in *Études*, Vrin, 1970).
Univers et realité, Travaux du IIe Congrès des sociétés de philosophie à Lyon, 1939 (reproduzido in *Uengagement rationaliste*, P.U.F., 1972).
Discours du Congrès international de Philosophie des Sciences, Ed. Hermann, 1949 (reproduzido in *L'engagement rationaliste*, P.U.F., 1972).
L'idonéisme et l'exactitude discursive, ex. *Études de philosophie des sciences*, Neuchâtel, Ed. du Griffon, 1950 (reproduzido in *L'engagement rationaliste*, P.U.F., 1972).
Lactualité de l'histoire des sciences, Ed. du Palais de la Découverte, Outubro, 1951 (reproduzido in *L'engagement rationaliste*, P.U.F., 1972).

PONTOS DE PARTIDA

I
A «NOVIDADE» DAS CIÊNCIAS CONTEMPORÂNEAS

A. «Mensagens de um mundo desconhecido...»

1. No fim do século passado acreditava-se ainda no carácter empiricamente unificado do nosso conhecimento do real. Era mesmo uma conclusão na qual as filosofias mais hostis se reconciliavam. Com efeito, a unidade da experiência aparece sob um duplo ponto de vista: para os empiristas, a experiência é uniforme na sua essência porque tudo vem da sensação; para os idealistas, a experiência é uniforme porque é impermeável à razão. Tanto na adopção como na recusa, o ser empírico forma um bloco absoluto. De qualquer maneira, julgando afastar qualquer preocupação filosófica, a ciência do século passado oferecia-se como um conhecimento homogéneo, como a ciência do nosso próprio mundo, no contacto da experiência quotidiana, organizada por uma razão universal e estável, com a sanção final do nosso interesse comum. O sábio era, segundo Conrad, «um de nós». Ele vivia na nossa realidade, manejava os nossos objectos, educava-se com o nosso fenómeno, encontrava a evidência na clareza das nossas intuições. Desenvolvia as suas demonstrações seguindo a nossa geometria e a nossa mecânica. Não discutia os princípios da medida, deixava o matemático no jogo dos axiomas. Contava coisas separadas, não postulava números que já não são os nossos números. Dele a nós, existia muito naturalmente a mesma aritmética. A ciência e a filosofia falavam a mesma linguagem.

É ainda esta ciência para filósofos que ensinamos aos nossos filhos. É a ciência experimental das instruções ministeriais: pesem, meçam, contem; desconfiem do abstracto, da regra; liguem os espíritos jovens ao concreto, ao facto. Ver para compreender, tal é o ideal desta estranha pedagogia. Pouco importa se o pensamento for, por consequência, do fenómeno mal visto para a experiência mal feita. Pouco importa se a ligação epistemológica assim estabelecida for do pré-lógico da observação imediata para a sua verificação sempre infalível pela experiência comum, em vez de ir do programa racional de pesquisas para o isolamento e a definição experimental do facto científico sempre artificial, delicado e escondido.

Mas eis que a física contemporânea nos traz mensagens de um mundo desconhecido. Estas mensagens são redigidas em «hieróglifos», seguindo a expressão de Walter Ritz. Na tentativa de as decifrar, apercebemo-nos de que os sinais desconhecidos são mal interpretados no plano dos nossos hábitos psicológicos. Eles parecem particularmente refractários à análise usual que separa uma coisa da sua acção. No mundo desconhecido que é o átomo, haveria assim uma espécie de fusão entre o acto e o ser, entre a onda e o corpúsculo? Deveremos falar de aspectos complementares ou de realidades complementares? Não se tratará de uma cooperação mais profunda entre o objecto e o movimento, de uma energia complexa em que converge aquilo que é e aquilo que está sujeito ao devir? Finalmente, como estes fenómenos nunca designam as *nossas coisas*, é um problema de um grande alcance filosófico o interrogar-nos se eles designam *coisas*. Daí uma alteração total dos princípios realistas da sintaxe do infinitamente pequeno. Nesta sintaxe, o substantivo está doravante demasiado mal definido para reinar na frase. Não é, portanto, a *coisa* que nos poderá instruir directamente como o proclamava a fé empírica. Não aumentaremos o conhecimento de um objecto microscópico isolando-o. Isolado, um corpúsculo torna--se um centro de irradiação para um fenómeno maior. Tomado no seu papel físico, é mais um meio de análise do que um objecto para o conhecimento empírico. É um pretexto de pensamento, não um mundo a explorar. É inútil levar a análise até isolar sob todos os pontos de vista um objecto único, porque, segundo parece, no mundo da microfísica, o único perde as suas propriedades substanciais. Só há, portanto, propriedades substanciais acima – não abaixo – dos objectos microscópicos. A substância do infinitamente pequeno é contemporânea da relação.

Se o real se desinvidualiza fisicamente indo em direcção às regiões profundas da física infinitesimal, o sábio vai dar mais importância à organização racional das suas experiências à medida que fizer aumentar a sua precisão. Uma medida precisa é sempre uma medida complexa; é, portanto, uma experiência organizada racionalmente. Daí um segundo abalo na epistemologia contemporânea. Temos de sublinhar a sua importância filosófica. Parece-nos, com efeito, que a construção matemática das hipóteses atómicas vem contradizer a teoria que atribuía a estas hipóteses um papel apagado e provisório. No século XIX tomavam-se as hipótese científicas como organizações esquemáticas ou mesmo pedagógicas. Gostava-se de repetir que elas eram simples meios de expressão. A ciência, acreditava-se, era real pelos seus *objectos*, hipotética pelas *ligações* estabelecidas entre os objectos. À mínima contradição, à mínima dificuldade experimental abandonavam-se as hipóteses de ligação que se rotulavam de convencionais, como se uma convenção científica tivesse outro medo de ser objectiva que não tosse o carácter racional! O novo físico inverteu, portanto, a perspectiva da hipótese pacientemente desenhada por Vaihinger. Agora, são os objectos que são representados por metáforas, é a sua organização que passa por realidade. Por outras palavras, o que é hipotético agora é o *nosso* fenómeno; porque a nossa captação imediata do real não actua senão como um dado confuso, provisório, convencional e esta captação fenomenológica exige inventário e classificação. Por outro lado, é a reflexão que dará um sentido ao fenómeno inicial sugerindo uma *sequência orgânica* de pesquisas, uma perspectiva racional de experiências. Não podemos ter *a priori* nenhuma confiança na informação que o dado imediato pretende fornecer-nos. Não é um juiz nem sequer uma testemunha; é um réu e um réu que acabamos por convencer do engano. O conhecimento científico é sempre a reforma de uma ilusão. Não podemos, pois, continuar a ver na descrição, mesmo minuciosa, de um mundo imediato, mais do que uma *fenomenologia de trabalho* exactamente no mesmo sentido em que se falava outrora de *hipótese de trabalho.* («Noumène et microphysique», in *Études*, Vrin, 1970.)

B. **Ruptura com o conhecimento comum**

2. As ciências físicas e químicas, no seu desenvolvimento contemporâneo, podem ser caracterizadas epistemologicamente como domínios de pensamento que rompem nitidamente com o conhecimento vulgar. O que se opõe à constatação desta profunda descontinuidade epistemológica é que «a educação científica», que julgamos suficiente para a cultura geral, não visa senão a física e a química mortas, no sentido em que dizemos que o latim é uma língua «morta». Não há nisso nada de pejorativo, se apenas quisermos fazer notar que existe uma ciência viva. O próprio Émile Borel mostrou que a mecânica clássica, a mecânica morta, continuava a ser uma cultura indispensável para o estudo das mecânicas contemporâneas (relativista, quântica, ondulatória). Mas os rudimentos já não são suficientes para determinar as características filosóficas fundamentais da ciência. O filósofo deve tomar consciência das novas características da ciência nova. O simples facto do carácter *indirecto* das determinações do real científico já nos coloca num reino epistemológico novo. Por exemplo, enquanto se tratava, num espírito positivista, de determinar os pesos atómicos, a técnica – sem dúvida muito precisa – da balança bastava. Mas, quando no século XX se separam e pesam os isótopos, é necessária uma técnica *indirecta*. O *espectroscópio de massa*, indispensável para esta técnica, fundamenta-se na acção dos campos eléctricos e magnéticos. É um instrumento que podemos perfeitamente qualificar de *indirecto* se o compararmos à balança. A ciência de Lavoisier, que funda o positivismo da balança, está em ligação contínua com os aspectos imediatos da experiência usual. Já não acontece o mesmo quando acrescentamos um *electrismo* ao *materialismo*. Os fenómenos eléctricos dos átomos estão *escondidos*. É preciso instrumentá-los numa aparelhagem que não tem significação *directa* na vida comum. Na química lavoisiana, pesa-se o cloreto de sódio como na vida comum se pesa o sal da cozinha. As condições de precisão científica, na química positivista, não fazem senão acentuar as condições de precisão comercial. De uma precisão à outra, não se modifica o *pensamento da medida*. Mesmo se lermos a posição da agulha fixada ao braço da balança com um microscópio, não abandonamos o pensamento de um *equilíbrio*, de uma *identidade de massa*, aplicação muito simples do *princípio de identidade*, tão tranquilamente fundamental para o conhecimento comum. No que diz respeito ao espectroscópio de massa, encontramo-nos em plena *epistemologia discursiva*. Um longo percurso através da ciência teórica é necessário para compreender os seus dados. Na realidade, os *dados* são aqui *resultados*. Objectar-nos-ão que propomos uma distinção muito delicada para separar o conhecimento comum e o conhecimento científico. Mas é necessário compreender que os cambiantes são aqui filosoficamente decisivos. Trata-se nada mais nada menos que da primazia da reflexão sobre a percepção, da preparação numenal dos fenómenos tecnicamente constituídos. As trajectórias que permitem separar os isótopos no espectroscópio de massa não *existem* na natureza; é preciso produzi-las tecnicamente. São teoremas reificados. Teremos de demonstrar que aquilo que o homem *faz* numa técnica científica [...] não existe na natureza e não é sequer uma continuação *natural* dos fenómenos *naturais*. (*Ratiorudisme*, cap. VI, pp. 101-102.)

II
A «PREGUIÇA» DA FILOSOFIA

A. Negligência

3. Se traçássemos um quadro geral da filosofia contemporânea, não deixaríamos de ficar impressionados com o pequeno lugar que nela ocupa a *filosofia das ciências*. De uma maneira mais geral ainda, as *filosofias do conhecimento* parecem actualmente desfavorecidas. O esforço do saber parece maculado pelo utilitarismo; os conceitos científicos, todavia tão bem harmonizados, são considerados apenas com o valor de utensílios. O homem de ciências, de pensamento tão obstinado e tão ardente, de pensamento tão vivo, é apresentado como um homem abstracto. Cada vez mais, todos os valores do homem estudioso, do homem engenhoso, são desacreditados. A ciência está reduzida a uma pequena aventura, uma aventura nos países quiméricos da teoria, nos labirintos tenebrosos de experiências factícias. Por um paradoxo inacreditável, a darmos ouvidos aos críticos da actividade científica, o estudo da natureza desviaria os sábios dos valores naturais, a organização racional das ideias prejudicaria a aquisição de novas ideias.

Se um filósofo fala do conhecimento, pretende que ele seja directo, imediato, intuitivo. Acaba-se por fazer da ingenuidade uma virtude, um método. Damos forma ao jogo de palavras de um grande poeta que tira a letra *n* à palavra *'connaissance'* para sugerir que o verdadeiro conhecimento é um co-nascimento. E professamos que o primeiro acordar é já plena luz, que o espírito possui uma lucidez nata.

Se um filósofo fala da experiência, as coisas caminham bem depressa; trata-se da sua própria experiência, do desenvolvimento tranquilo de um temperamento. Acaba-se por descrever uma visão pessoal do mundo como se ela encontrasse ingenuamente o sentido de todo o universo. E a filosofia contemporânea é assim uma embriaguez de personalidade, uma embriaguez de originalidade. E esta originalidade pretende-se radical, enraizada no próprio ser; assinala uma existência concreta; funda um existencialismo imediato. Assim cada um se dirige imediatamente ao ser do homem. É inútil ir procurar mais longe um objecto de meditação, um objecto de estudo, um objecto de conhecimento, um objecto de experiência. A consciência é um laboratório individual, um laboratório inato. Assim, os existencialismos abundam. Cada um tem o seu; cada qual encontra a glória na sua singularidade.

Pois bem! Na actividade científica não se é original por tão baixo preço; o pensamento científico não encontra tão facilmente a permanência e a coesão de uma existência. Mas, em contrapartida, o pensamento científico define-se como uma evidente promoção da existência. E é para esta promoção da existência que eu queria chamar a vossa atenção.

Em suma, em lugar de uma existência na raiz do ser, no repouso de uma natural perseverança no ser, a ciência propõe-nos um existencialismo pela acção enérgica do ser pensante. O pensamento é uma força, não é uma substância. Quanto maior é a força, tanto mais elevada é a promoção do ser. É, portanto, nos dois momentos em que

o homem alarga a sua experiência e em que coordena o seu saber que se institui verdadeiramente na sua dinâmica de ser pensante. Quando um existencialista célebre nos confessa tranquilamente: «O movimento é uma doença do ser», respondo-lhe: o ser é uma obstrução do movimento, uma paragem, uma vagatura, um vazio. E vejo a necessidade de uma inversão radical da fenomenologia do ser humano, de modo a descrever o ser humano como promoção de ser, na sua *tensão essencial*, substituindo sistematicamente toda a ontologia por uma dinamologia. Por outras palavras, parece-me que a *existência* da ciência se define como um *progresso* do saber, que o nada simboliza juntamente com a ignorância. Em suma, a ciência é uma das testemunhas mais irrefutáveis da existência essencialmente progressiva do ser pensante. O ser pensante pensa um pensamento cognoscente. Não pensa uma existência.
O que será então designada, num estilo moderno, a filosofia das ciências? Será uma fenomenologia do homem estudioso, do homem debruçado sobre o seu estudo e não somente um vago saldo de ideias gerais e de resultados adquiridos. Terá de nos fazer assistir ao drama quotidiano do estudo quotidiano, de descrever a rivalidade e a cooperação entre o esforço teórico e a investigação experimental, de nos colocar no centro do perpétuo conflito de métodos que é o carácter manifesto, o carácter tónico da cultura científica contemporânea. (Congrès international de Philosophie des Sciences, 1949.)

B. **Pretensões**

4. Terá o conceito de limite do conhecimento científico um sentido absoluto? Será mesmo possível traçar as fronteiras do pensamento científico? Estaremos nós verdadeiramente encerrados num domínio objectivamente fechado? Seremos escravos de uma razão imutável? Será o espírito uma espécie de instrumento orgânico, invariável

como a mão, limitado como a vista? Estará ele ao menos sujeito a uma evolução regular em ligação com uma evolução orgânica? Eis muitas perguntas, múltiplas e conexas, que põem em jogo toda uma filosofia e que devem dar um interesse primordial ao estudo dos progressos do pensamento científico. Se o conceito de limite do conhecimento científico parece claro à primeira vista, é porque se apoia à primeira vista em afirmações realistas elementares. Assim, para limitar o alcance das ciências naturais, objectar-se-ão impossibilidades inteiramente materiais, quase impossibilidades espaciais. Dir-se-á ao sábio: nunca podereis atingir os astros! Nunca podereis ter a certeza de que um corpúsculo seja indivisível. Esta limitação inteiramente material, inteiramente geométrica, inteiramente esquemática está na origem da *clareza* do conceito de fronteiras epistemológicas. Naturalmente, temos toda uma série de interdições mais relevantes, mas igualmente brutais. Objectar-se-á, por exemplo, a impossibilidade de triunfar sobre a morte, de conhecer a essência da vida, a essência do espírito, a essência da matéria. Pouco a pouco, de uma maneira mais filosófica, rodear-se-á o pensamento por um conjunto de posições pretensamente *essenciais*. Por outras palavras, recusar-se-á ao pensamento discursivo a possibilidade de conhecer *as coisas em si* e atribuir-se-á a um pensamento intuitivo, mais directo, mas não científico, o privilégio de conhecimentos ontológicos. Os partidários da limitação metafísica do pensamento científico sentir-se-ão também no direito de pôr *a priori limites que não têm relação com o pensamento que limitam.* Isto é tão verdadeiro que o conceito obscuro da coisa em si é utilizado quase inconscientemente para especificar as *impossibilidades* das ciências particulares. Assim, o metafísico repetirá: não podeis dizer o que é a electricidade em si, a luz em si, a matéria em si, a vida em si.

Ora, não nos devemos deixar enganar pela falsa clareza desta posição metafísica. De facto, para provar que o conhecimento científico é limitado, não basta mostrar a sua incapacidade para resolver certos problemas, de fazer certas experiências, de realizar certos sonhos humanos. Seria necessário poder circunscrever inteiramente o campo do conhecimento, desenhar um limite *continuo* inultrapassável, marcar uma fronteira que *toque* verdadeiramente o domínio limitado. Sem esta última precaução, pode-se desde já dizer que a questão de fronteira do conhecimento científico não tem nenhum interesse para a ciência. O espírito científico seria então bem capaz de tirar fáceis desforras. Poderia arguir que *um problema insolúvel é um problema mal posto*, que uma experiência descrita como irrealizável é uma experiência em que a impossibilidade se coloca nos dados. Demasiadas vezes o enunciado de uma limitação implica uma condenação ao insucesso, porque o problema impossível impõe já um método de resolução defeituoso.

Insistamos neste ponto e iremos verificar que a constatação de uma *impossibilidade* não é de maneira nenhuma sinónimo de uma limitação do pensamento. Por exemplo, o facto de não podermos resolver a *quadratura do círculo* não prova de modo nenhum uma enfermidade da razão humana. Tal impossibilidade prova pura e simplesmente que o problema da *quadratura do circulo* está mal posto, que os dados da geometria elementar não são suficientes para esta solução, que a palavra *quadratura* implica já um método de solução defeituoso. É necessário, portanto, deixar ao matemático o cuidado de enunciar novamente a questão intuitivamente mal posta; é necessário dar-lhe o direito de aperfeiçoar um método de transcendência apropriado ao problema judiciosamente rectificado. Para iludir imediatamente a dificuldade, poderíamos arguir de uma maneira analógica que o problema da morte é de certo modo o problema da quadratura do círculo biológico e que está, sem dúvida, bastante mal posto quando procuramos a solução ao nível do humano como, por exemplo, a manutenção de uma personalidade da qual não temos sequer, ao longo da nossa vida, a garantia de que ela seja verdadeiramente una e permanente. Pedem-mos que conservemos aquilo que não temos. Para resolver o problema insolúvel da morte será necessário recorrer transcendências experimentais, a transcendências biológicas, no sentido do matemático que completa o seu material de explicação diante de um novo objecto matemático. Mas, seguindo o seu adversário neste terreno, o espírito científico apenas tende a mostrar que, em caso de necessidade, seria um bom jogador. Na realidade, a discussão não reside aí. Não é a propósito de interdições longínquas e brutais que convém discutir. Somente a ciência se encontra habilitada a traçar as suas próprias fronteiras. Ora, para o espírito científico, *traçar claramente uma fronteira é já ultrapassá-la*. A fronteira científica é menos um limite do que uma zona de pensamentos particularmente activos, um domínio de assimilação. Pelo contrário, a fronteira imposta pelo metafísico apresenta-se ao sábio como uma espécie de fronteira neutra, abandonada, indiferente. (*Concept de frontière*, VIIe Congrès international de Philosophie, 1934.)

5. Cientificamente, a fronteira do conhecimento apenas parece marcar uma paragem momentânea do pensamento. Seria difícil traçá-la objectivamente. Parece que é mais em termos de programa do que de obstáculo absoluto, mais em termos de possibilidade do que de impossibilidade, que a limitação do pensamento científico é desejável. Seria de desejar que cada ciência pudesse propor uma espécie de plano quinquenal.

Filosoficamente, toda a fronteira absoluta proposta à ciência é a marca de um problema mal posto. É impossível pensar fertilmente uma impossibilidade. Quando uma fronteira epistemológica parece nítida, é porque se arroga o direito de, a propósito, ter como necessárias intuições primeiras. Ora, as intuições primeiras são sempre intuições a rectificar. Quando um método de investigação científica perde a sua fecundidade, é porque o ponto de partida é demasiado intuitivo, demasiado esquemático; é porque a base de organização é demasiado estreita. O dever da filosofia científica parece então muito claro. É necessário limar por todos os lados as limitações iniciais, reformar o conhecimento não científico, que entrava sempre o conhecimento científico. A filosofia científica tem de alguma maneira de destruir sistematicamente os limites que a filosofia tradicional tinha imposto à ciência. É de recear, com efeito, que o pensamento científico não conserve vestígios das limitações filosóficas. Em resumo, a filosofia científica deve ser essencialmente uma pedagogia científica. Ora, para ciência nova, pedagogia nova. Aquilo que mais nos faz falta é uma doutrina do saber elementar de acordo com o saber científico. Numa palavra, os *a priori* do pensamento não são definitivos. Também devem ser submetidos à transmutação dos valores racionais. Devemos adquirir as condições *sine qua non* da experiência científica. Propomos, por consequência, que a filosofia científica renuncie ao real imediato e que ajude a ciência na sua luta contra as intuições primeiras. As fronteiras opressoras são fronteiras ilusórias. *(Ibid.)*

III
AS QUESTÕES DO EPISTEMÓLOGO

6. Aos filósofos reclamaremos o direito de nos servirmos de elementos filosóficos separados dos sistemas em que tiveram origem. A força de um sistema encontra-se algumas vezes concentrada numa função particular. Porquê hesitar em propor esta função particular ao pensamento científico, que tem tanta necessidade de princípios de informação filosófica? Será sacrilégio, por exemplo, pegar num aparelho epistemológico tão maravilhoso como a *categoria* Kantiana e demonstrar o seu interesse para a organização do pensamento científico? Se um eclectismo dos fins confunde indevidamente todos os sistemas, parece que um eclectismo dos meios seja admissível para uma filosofia das ciências, que pretende fazer face a todas as tarefas do pensamento científico, que pretende dar conta dos diferentes tipos de teoria, que pretende medir o alcance das suas aplicações, que quer, antes de mais nada, sublinhar os processos tão variados da descoberta, mesmo que eles sejam os mais arriscados. Pediremos também aos filósofos que rompam com a ambição de encontrar um único ponto de vista e um ponto de vista fixo para julgar no conjunto uma ciência tão mudável como a física. Chegaremos então, para caracterizar a filosofia das ciências, a um pluralismo filosófico que é o único capaz de informar os elementos tão diversos da experiência e da teoria, tão longe de estarem todos ao mesmo nível de maturidade filosófica. Definiremos a filosofia das ciências como uma filosofia dispersa, como uma *filosofia distribuída*. Inversamente, o pensamento científico aparecer-nos-á como um método de dispersão bem ordenada, como um método de análise muito aguçada, para os diversos filosofemas agrupados demasiado maciçamente nos sistemas filosóficos.

Aos cientistas reclamaremos o direito de desviar por um instante a ciência do seu trabalho positivo, da sua vontade de objectividade para descobrir o que resta de subjectivo nos métodos mais severos. Começaremos por pôr aos sábios questões de aparência psicológica e, pouco a pouco, provar-lhes-emos que toda a psicologia é solidária de postulados metafísicos. O espírito pode mudar de metafísica; não pode passar sem metafísica. Perguntaremos, portanto, aos sábios: como pensam, quais as vossas tentativas, as vossas experiências, os vossos erros? Sob que impulso mudam de opinião? Porque são tão sucintos quando falam das condições psicológicas de uma *nova* investigação? Dêem-nos sobretudo as vossas ideias vagas, as vossas contradições, as vossas ideias fixas, as vossas convicções não provadas. Fazem de vós realistas. Será certo que esta filosofia maciça, sem articulações, sem dualidade, sem hierarquia, corresponde à variedade dos vossos pensamentos, à liberdade das vossas hipóteses? Digam--nos o que pensam, não à *saída* do laboratório, mas nas horas em que deixam a vida comum para *entrar* na vida científica. Dêem-nos, não o vosso empirismo da noite, mas o vosso rigoroso racionalismo da manhã, o *a priori* do vosso devaneio matemático, o entusiasmo dos vossos projectos, as vossas intuições inconfessadas. Se pudéssemos desenvolver assim o nosso inquérito psicológico, parece--nos quase evidente que o espírito científico apareceria também ele numa verdadeira dispersão psicológica e, por consequência, numa verdadeira dispersão filosófica, já que toda a raiz filosófica nasce de um pensamento. Os diferentes problemas do pensamento científico deviam, portanto, receber diferentes coeficientes filosóficos. Particularmente, o balanço do realismo e do racionalismo não seria o mesmo para todas as noções. É, pois, na nossa opinião, ao nível de cada noção que se colocariam as tarefas precisas da filosofia das ciências. Cada hipótese, cada problema, cada experiência, cada equação reclamaria a sua filosofia. Deveríamos fundar uma filosofia do pormenor epistemológico, uma filosofia científica *diferencial* que estivesse em harmonia com a filosofia *integral* dos filósofos. É esta filosofia diferencial que estaria encarregada de medir o devir de um pensamento. De um modo geral, o devir de um pensamento científico corresponderia a uma normalização, à transformação da forma realista numa forma racionalista. Esta transformação nunca é total. As noções não se encontram todas no mesmo momento das suas transformações metafísicas. Meditando filosoficamente sobre cada noção, veríamos também mais claramente o carácter polémico da definição retida, tudo o que esta definição distingue, suprime, recusa. As condições dialécticas de uma definição científica diferente da definição usual apareceriam então mais claramente e compreenderíamos, no pormenor das noções, aquilo que chamaremos a filosofia do não. (*Philosophie*, Avant-propos, pp. 10-13.)

SECÇÃO I
AS REGIÕES DA EPISTEMOLOGIA

I
A NOÇÃO DE REGIÃO EPISTEMOLÓGICA

7. Uma vez que pretendemos caracterizar o racionalismo no seu poder de aplicação e no seu poder de extensão, torna-se [...] indispensável examinar sectores particulares da experiência científica e procurar em que condições esses sectores particulares recebem não somente uma autonomia, mas ainda uma autopolémica, ou seja, um valor de crítica sobre as experiências antigas e um valor de acção sobre as experiências novas. Esta tese do racionalismo activo opõe-se à filosofia empírica, que apresenta a ideia como um resumo da experiência, separando a experiência de todos os *a priori* da preparação. Opõe-se também à filosofia platónica, a qual professa que as ideias declinam quando aplicadas às coisas. Pelo contrário, se aceitarmos a valorização pela aplicação que propomos, não é um simples regresso à experiência primitiva, ela aumenta a «distinção» do conhecimento, no sentido cartesiano do termo. A ideia não pertence à ordem da reminiscência, é antes da ordem da presciência. A ideia não é um resumo, é antes um programa. A idade de ouro das ideias não está no passado do homem, está no futuro. Voltaremos, em todas as ocasiões, a este valor de extensão das noções racionais.

As regiões do saber científico são determinadas pela *reflexão*. Não as encontraremos delineadas numa fenomenologia de primeira apreciação. Numa fenomenologia de primeira apreciação, as perspectivas são afectadas por um subjectivismo implícito, que teríamos de precisar se pudéssemos trabalhar um dia na ciência do sujeito cioso de cultivar os fenómenos subjectivos, determinando uma fenomenotécnica da psicologia. Mas, ainda que a perspectiva desse todas as garantias de extraversão e que indicasse ao ser pensante a direcção do saber seguramente objectivo, ainda não teríamos nada que pudesse justificar a parcialidade do interesse do conhecimento, interesse que não só faz escolher ao sujeito um sector particular, mas que sobretudo faz persistir o sujeito na sua escolha. É-nos necessário, portanto, ultrapassar as descrições fenomenológicas que ficam, por princípio, submetidas ao ocasionalismo dos conhecimentos. Tudo se torna claro, nítido, recto, seguro, quando este interesse de conhecimento é o interesse específico pelos *valores* racionais.

Assim, em apreensão directa do mundo fenomenal (não se tendo ainda exercido o poder de eliminação) as regiões do saber não se constituem. Não podem ser rodeadas num primeiro esboço sem que a faculdade de *discernir* tenha fixado as suas *razões de funcionar*. Encontramo-nos sempre diante do mesmo paradoxo: o racionalismo é uma filosofia que não tem começo; o racionalismo pertence à ordem do *recomeço*. Quando o definimos numa das suas operações, há já muito tempo que ele recomeçou. Ele é a consciência de uma ciência rectificada, de uma ciência que tem a marca da acção humana, de acção reflectida, industriosa, normalizante. O racionalismo só tem de considerar o universo como tema de progresso humano, em termos de *progresso de conhecimento*. Um poeta viu-o bem na audácia das suas imagens: foi quando Cristóvão Colombo descobriu a América que a Terra, certa de ser redonda, se pôs, enfim, a girar resolutamente([1]). Então, a rotação dos céus parou, as estrelas fixas tornaram-se – durante os quatro séculos que antecederam Einstein – as referências de um espaço absoluto. Tudo isto porque um barco viajou em sentido contrário ao país das especiarias. Foi necessário que o facto da rotação da Terra se ter tornado um pensamento *racional*, um pensamento que se aplicava a domínios diferentes, para que fossem destruídas todas as provas da imobilidade da Terra encontradas na experiência comum. Portanto, os factos encadeiam-se tanto mais solidamente quanto mais implicados estão numa rede de *razões*. É pelo encadeamento, concebido racionalmente, que os factos heteróclitos recebem o seu estatuto de *factos científicos*. Que a Terra gira é, pois, uma *ideia* antes de ser um *facto*. Tal facto não tem primitivamente nenhum traço empírico. É necessário colocá-lo no seu lugar, num *domínio racional de ideias*, para ousar afirmá-lo. É necessário compreendê-lo para o apreender. Se Foucault procura, com o pêndulo do Panthéon, uma prova *terrestre* deste facto *astronómico*, é porque um longo preâmbulo de pensamentos científicos lhe deu a ideia desta experiência. E quando Poincaré diz que, sobre uma terra coberta de nuvens escondendo as estrelas, os homens teriam podido descobrir a rotação da Terra através da experiência de Foucault, ele apenas nos dá um exemplo de *racionalismo recorrente* respondendo à fórmula: *teríamos, deveríamos* ter previsto, o que equivale a definir o pensamento racional como uma presciência.

Mas, com um exemplo tão escolar, tão escolarizado, como a rotação da Terra, a revolução estritamente epistemológica que propomos para evidenciar o racionalismo (a ordem das razões) e situar em posição subalterna o empirismo (a ordem dos factos) pode parecer simples

---

([1]) Luc Decaunes, *Les idées noites*, p. 246.

paradoxo. Do ensino científico da escola retemos os factos, esquecemos as razões e é assim que a «cultura geral» fica entregue ao empirismo da memória. Ser-nos-á necessário, portanto, encontrar exemplos mais modernos em que se pode seguir o esforço efectivo de ensino. Resta-nos provar que as regiões do racional nas ciências físicas se determinam numa experimentação numenal do fenómeno. É aí, e de nenhum modo à superfície dos fenómenos, que se pode sentir a sensibilidade da adaptação racional. As estruturas racionais são mais visíveis numa segunda posição do que numa primeira aproximação; elas recebem verdadeiramente a sua perfectibilidade quando se atingem os modelos experimentais de segunda aproximação ou, pelo menos, quando a lei se designa racionalmente por cima das suas flutuações. Se uma organização de pensamento não pode ser a narrativa de um progresso do pensamento, não é ainda uma organização racional. É por isso que uma segunda aproximação dá frequentemente a uma noção assim explicitada a assinatura da racionalidade. Desde que aparece a segunda aproximação, o conhecimento é *necessariamente* acompanhado por uma consciência de perfectibilidade. O conhecimento de segunda aproximação prova, portanto, que o conhecimento *se valoriza*. Se esta segunda aproximação acarreta problemas de método, ou seja, problemas que exigem discussões racionais, os valores apodícticos manifestam-se. É aí que o racionalismo aplicado deve ser colocado na categoria de uma filosofia comprometida, tão profundamente comprometida que uma tal filosofia já não é escrava dos interesses de primeiro compromisso. O racionalismo realiza-se na libertação de interesses imediatos; coloca-se no reino dos valores reflectidos, que podemos também considerar como o reino da reflexão sobre os valores do conhecimento. (*Rationalisme*, pp. 121-124.)

II
EPISTEMOLOGIA DA FÍSICA

A. A «Provocação» Relativista

1. «Esta novidade é uma objecção...»

8. Uma das características exteriores mais evidentes das doutrinas relativistas é a sua novidade. Ela espanta o próprio filósofo, transformado subitamente, em face de uma construção tão extraordinária, em campeão do sentido comum e da simplicidade. Esta novidade é assim uma objecção, um problema. Não será, em primeiro lugar, uma prova de que o sistema não está contido nos seus postulados, pronto para a explicação, apto para a dedução, mas que, pelo contrário, o pensamento que o anima se coloca resolutamente perante uma tarefa construtiva, onde ele procura os complementos, as associações, toda a diversidade que faz nascer a preocupação de precisão? Por outras palavras, a novidade relativista não é na sua essência estática; não são as coisas que vêm surpreender-nos, mas é o espírito que constrói a sua própria surpresa e que se envolve no jogo das questões. A Relatividade é mais do que uma renovação definitiva na maneira de pensar o fenómeno físico, é um método de descoberta progressivo.

Numa perspectiva histórica, a aparição das teorias relativistas é igualmente surpreendente. Com efeito, se existe uma doutrina que os antecedentes históricas não explicam é a da Relatividade. Pode dizer-se que a primeira dúvida relativista foi posta por Mach. Mas não é mais do que uma dúvida céptica; não é de modo nenhum uma dúvida metódica susceptível de preparar um sistema... Em suma, a realidade só tem relação com a história ao ritmo de uma dialéctica. Estabelece-se opondo-se. Explora o termo até aí descurado de uma alternativa inicial. Compreende-se, portanto, que ela rompa com um ensino e com hábitos particularmente sólidos e que apareça como propriamente extraordinária. (*Valeur inductive*, Intr., pp. 5-7.)

9. A Relatividade... constituiu-se como um franco sistema da relação. Violentando hábitos – talvez leis – do pensamento, aplicámo-nos a discernir a relação independentemente dos termos em ligação, a postular ligações de preferência a objectos, a dar uma significação aos membros de uma equação apenas em virtude dessa equação, tomando assim os objectos como estranhas funções da função que os relaciona. Tudo para a síntese, tudo pela síntese, tal foi o fito, tal foi o método. Elementos que a sensação apresentava num estado de análise que se pode bem, a vários títulos, qualificar de natural foram postos em relação e não receberam daí em diante um sentido senão através desta relação. Atingimos assim um fenómeno de ordem de certa maneira matemática, que se afasta tanto das teses do absoluto como das do realismo. Que belo exemplo o da fusão da matemática do espaço e do tempo! Tal união tem tudo contra si: a nossa imaginação, a nossa vida sensorial, as nossas representações; só vivemos o tempo esquecendo o espaço, só compreendemos o espaço suspendendo o curso do tempo. Mas o espaço-tempo tem por si a sua própria álgebra. Está em relação total e em relação pura. É portanto o fenómeno matemático essencial.

A Relatividade só conseguiu conceber o seu desenvolvimento na atmosfera de uma matemática aperfeiçoada; é por essa razão que a doutrina carece na realidade de antecedente. (*Valeur inductive*, cap. III, pp. 98-99.)

2. *Desvalorização das «ideias primeiras»*

10. Não foi a propósito da configuração do Mundo, como astronomia geral, que a Relatividade surgiu. Nasceu de uma reflexão sobre os conceitos iniciais, de um pôr em dúvida as ideias evidentes, de um desdobramento funcional das ideias simples. Por exemplo, que há de mais imediato, de mais evidente, de mais simples que a ideia de simultaneidade? Os vagões do comboio partem todos simultaneamente e os carris são paralelos: não reside precisamente aí uma verdade dupla que ilustra ao mesmo tempo as ideias primitivas do paralelismo e simultaneidade? A Relatividade atacará, contudo, o primitivismo da ideia de simultaneidade, como a Geometria de Lobatchevsky atacou o primitivismo da ideia de paralelismo. Por uma exigência súbita, o físico contemporâneo pedir-nos-á para associar à ideia pura de simultaneidade a experiência que deve provar a simultaneidade de dois acontecimentos. Foi desta exigência inaudita que nasceu a Relatividade.

O Relativista provoca-nos: como se servem da vossa ideia simples? como provam a simultaneidade? como a conhecem? como se propõem dar-no-la a conhecer, a nós que não pertencemos ao vosso sistema de referência? Em suma, como fazem funcionar o vosso conceito? Em que juízos experimentais o implicam, pois não reside precisamente aí, na implicação dos conceitos no juízo, o próprio sentido da experiência? E quando respondemos, quando imaginamos um sistema de sinais ópticos para que observadores pudessem acordar-se numa simultaneidade, o Relativista constrange-nos a incorporar a nossa experiência na nossa conceptualização. Lembra-nos que a nossa conceptualização é uma experiência. O mundo é, pois, menos a nossa representação do que a nossa verificação. Doravante, um conhecimento discursivo e experimental da simultaneidade deverá estar ligado à pretensa intuição que nos dava de imediato a coincidência de dois fenómenos ao mesmo tempo. O carácter primitivo da ideia pura não é mantido; a ideia simples não é conhecida a não ser em composição, pelo seu papel nos compostos em que se integra. Esta ideia que julgávamos primeira não encontra uma base nem na *razão*, nem na experiência. Como nota Brunschvicg([2]), «ela não poderia ser definida logicamente nem pela razão suficiente, nem constatada fisicamente de uma forma positiva. No fundo, ela é uma negação; volta a negar que falta um certo tempo para a propagação da acção de sinalização. Apercebemo-nos então de que a noção de tempo absoluto ou, mais exactamente, a noção de medida única do tempo, por outras palavras, de uma simultaneidade independente do sistema de referência, apenas deve a sua aparência de simplicidade e de imediata realidade a um defeito de análise.» (*Nouvel Esprit*, cap. II, pp. 43-44.)

3. «*A objectivação de um pensamento à procura do real...*»

11. Se tentarmos agora recensear e julgar as garantias realistas das doutrinas da Relatividade, não nos podemos defender da impressão de que elas são muito tardias e que repousam sobre fenómenos pouco numerosos e de uma agudeza desconcertante. Os realizadores afastam-se destas doutrinas, porque para eles a realidade não espera: é preciso agarrá-la imediatamente, no seu primeiro fenómeno, e é necessário pô-la à prova na ordem de grandezas da experiência positiva. A experiência é assim urgente

---

([2]) Brunschvicg, *L'expérience humaine et la causalité physique*, p. 408.

e peremptória. Em contrapartida, os Relativistas pretendem um sistema da sua liberdade espiritual e organizar a sua prudência: para começar, só retirarão da experiência as características inteiramente assimiláveis pelos seus métodos de referência, confessando assim não se prenderem a *toda* a realidade; em seguida, dedicarão toda a sua atenção a ligar os fenómenos pela razão suficiente, fazendo prevalecer a objectivação sobre a objectividade. Com efeito, é erradamente que se pretende ver no real a *razão* determinante da objectividade, quando nunca se pode obter mais do que a *prova* de uma objectivação correcta. «A presença da palavra real, como diz muito bem Campbell, é sempre o sinal de um perigo de confusão de pensamento.» Se quisermos continuar na verdade, é preciso conseguir pôr o problema sistematicamente mais em termos de objectivação do que de objectividade. Determinar um carácter objectivo não é tocar num absoluto, é provar que se aplica correctamente um método. Objectar-se-á sempre que é em virtude de o carácter revelado pertencer ao objecto que ele é objectivo, quando jamais se fornecerá outra coisa além da prova da sua objectividade em relação a um método de objectivação. A razão apresentada é gratuita, a prova, pelo contrário, é positiva. Pensamos, portanto, que é melhor não falar da objectivação do real, mas da objectivação de um pensamento à procura do real. A primeira expressão relaciona-se com a metafísica, a segunda é mais susceptível de seguir o esforço científico de um pensamento. Precisamente a Relatividade... parece-nos um dos esforços mais metódicos do pensamento, no sentido da objectividade.

Esta modificação na direcção do processo de objectivação equivale a dizer que o problema da verdade de uma doutrina não deriva do problema da sua realidade, mas que, pelo contrário, o juízo de realidade deve fazer-se em função de uma organização de pensamento que já deu provas do seu valor lógico. Campbell indicou esta ordem filosófica em termos particularmente claros. Colocando-

-se no ponto de vista próprio do físico, ele pergunta-se se a Relatividade tem por fim descobrir a verdadeira natureza do mundo real. Eis uma pergunta, diz ele, à qual é preciso responder com perguntas. Eis, portanto, as perguntas primordiais([3]): «Acreditarão os físicos (não digo nada dos matemáticos e dos filósofos) na realidade de uma certa coisa por alguma outra razão que não seja o facto de essa coisa resultar de uma concepção de uma lei verdadeira ou de uma teoria verdadeira? Temos alguma razão para afirmar que as moléculas são reais a não ser o facto de a teoria molecular ser verdadeira – verdadeira, no sentido de predizer exactamente e de interpretar as predições em termos de ideias aceitáveis? Que razão alguma vez tivemos para dizer que o trovão e o relâmpago acontecem realmente ao mesmo tempo, a não ser a concepção da simultaneidade, que torna verdadeira esta afirmação, que possibilita a medição dos intervalos de tempo? Quando tivermos respondido a tais perguntas, será chegado o momento de discutir se a Relatividade nos diz alguma coisa sobre o tempo real e sobre o espaço real.»

Como se vê, é um físico que levanta o problema filosófico das relações do verdadeiro e do real. Propomos que ele se formule da seguinte maneira: como é que o verdadeiro pode preparar o real, ou mesmo, num certo sentido, como pode o verdadeiro tornar-se real? É, com efeito, sob esta forma que o problema parece mais susceptível de acolher a importante contribuição trazida pela Relatividade. A doutrina relativista surge, com toda a evidência, como verdadeira antes de aparecer como real, refere-se durante muito tempo a si própria para estar em primeiro lugar certa de si própria. Ela é um modo de dúvida provisória mais metódico ainda e, sobretudo, mais activo que a dúvida cartesiana, porque prepara e funda uma verdadeira dialéctica matemática. Não vemos, de resto, o que

---

([3]) Campbell, Theory and experiment in Relativity (apud *Nature*, 17 Fev. 1921).

poderia fazer a prova experimental contra esta dúvida essencialmente construtiva erigida num sistema de uma tão grande coerência matemática. Uma vez empenhados na Relatividade, apercebemo-nos de que devemos colocar no decorrer da construção o assertório muito depois do apodíctico. É preciso, antes de mais nada, tomar consciência da necessidade construtiva e criar uma lei para rejeitar, como diz Sir Lodge, tudo o que não parece necessário. Mais ainda do que da necessidade, a construção do real precisa da prova desta necessidade: – a construção do real não pode confiar-se apenas a uma necessidade que venha de uma realidade, é necessário que o pensamento construtivo reconheça a sua própria necessidade. Em contrapartida, a *certeza* da construção através de uma realidade acabada não pode e não deve ser senão supererrogatória. (*Valeur inductive*, cap. VIII, pp. 242-246.)

4. O desconhecimento realista

12. O que deve, em primeiro lugar, reter a nossa atenção é a rapidez com que o Realista recorre às experiências propriamente geométricas. Instem com ele um pouco. Objectem-lhe que conhecemos muito pouco sobre o real que ele pretende interpretar como um dado. O Realista aquiescerá. Mas responder-lhes-á logo em seguida: «Que importa que não saibamos o que é o objecto?; apesar disso, sabemos que o objecto *é*, pois *lá está*; tanto vós como eu poderemos sempre encontrá-lo numa região denominada espaço.» O lugar aparece como a primeira das qualidades existenciais, a qualidade pela qual também todo o estudo deve acabar por ter a garantia da experiência positiva. Poder–se-ia falar de uma realidade presente em todo o lado? O mesmo será dizer que não está em parte nenhuma. De facto, o espaço é o meio mais seguro das nossas diferenciações *e* o Realista, pelo menos nas suas polémicas, fundamenta-se sempre na designação de objectos espacialmente diferenciados. Uma vez que o Realista tenha assegurado a raiz geométrica da sua experiência de localização, concordará facilmente com o carácter não objectivo das qualidades sensoriais, e mesmo das qualidades mais directamente em ligação com a geometria da localização. Por exemplo, o Realista abandonará a discussão a propósito da forma e do volume. Atribuindo a voluminosidade a todas as sensações, fará disso uma metáfora da qual não garantirá a objectividade ([4]). Admitirá que o objecto suporte mal a sua configuração, que seja deformável, compressível, poroso, fugidio. Mas, pelo menos, *nem que seja por um único ponto*, o objecto será retido na existência geométrica, e esta espécie de centro de gravidade ontológico apresentar-se-á como a raiz da experiência topológica. (*Expérience*, cap. I, pp. 5-6.)

B. **História Epistemológica do «Electrismo»**

1. *O empirismo do século XVIII*

13. Ao ler os numerosos livros consagrados à ciência eléctrica no séc. XVIII, o leitor dar-se-á conta, segundo nos parece, da dificuldade havida em abandonar o pitoresco da observação primeira, em descolorir o fenómeno eléctrico, em desembaraçar a experiência das suas características parasitas, dos seus aspectos irregulares. Ver-se-á nitidamente que o primeiro empreendimento empírico não dá sequer o *delineamento* exacto dos fenómenos, nem sequer uma descrição bem ordenada, bem hierárquica dos fenómenos.

O mistério da electricidade, uma vez aceite – e é sempre muito rápido aceitar um mistério como tal – a electricidade, dava lugar a uma «ciência» fácil, muito próxima da História natural, afastada dos cálculos e dos teoremas

---

([4]) Cf. W. James, *Précis de psychologie*, trad., p. 443.

que, depois dos Huygens, dos Newton, invadiram pouco a pouco a mecânica, a óptica, a astronomia. Priestley escreve ainda num livro traduzido em 1971: «As experiências eléctricas são as mais claras e as mais agradáveis que a Física oferece.» Assim, estas doutrinas primitivas, que abordavam fenómenos tão complexos, apresentavam-se como doutrinas fáceis, condição indispensável para serem divertidas, para interessarem um público mundano. Ou, ainda, para falar em filosofia, estas doutrinas apresentavam-se com a marca de um *empirismo evidente e inato*. É tão doce para a preguiça intelectual acantonar-se no empirismo, chamar a um facto um facto e impedir a investigação de uma lei! Actualmente, ainda todos os maus alunos da classe de Física «compreendem» as fórmulas empíricas. Acreditam facilmente que todas as fórmulas, mesmo as que decorrem de uma teoria fortemente organizada, são fórmulas empíricas. Imaginam que uma fórmula é apenas um conjunto de números em expectativa que basta aplicar a cada caso particular. E, de resto, quão sedutor é o empirismo da primeira electricidade! Não é somente um empirismo evidente, é um *empirismo colorido*. Não é necessário compreendê-lo, basta vê-lo. Para os fenómenos eléctricos, o livro do Mundo é um livro de imagens. Devemos folheá-lo sem tentar a surpresa. Neste domínio, ele parece tão seguro que nunca poderíamos ter previsto aquilo que vemos! Priestley diz, justamente: «Todo aquele que tivesse sido levado (a predizer o choque eléctrico) por algum raciocínio, teria sido olhado como um grande génio. Mas as descobertas eléctricas são de tal maneira devidas ao acaso que é menos o efeito do génio que o das forças da Natureza que excitam a admiração que lhes dedicamos»; sem dúvida, é uma ideia fixa, em Priestley, a de reportar todas as descobertas científicas ao acaso. Mesmo quando se trata das suas descobertas pessoais, pacientemente prosseguidas com uma ciência da experimentação química muito notável, Priestley tem a elegância de apagar as ligações teóricas que o levaram a organizar experiências fecundas. Tem uma tal vontade de filosofia empírica que o pensamento já não é mais do que uma espécie de causa ocasional da experiência. A acreditarmos em Priestley, o acaso fez tudo. Para ele, o acaso precede a razão. Entreguemo-nos, portanto, ao espectáculo. Não nos ocupemos do Físico, que não é mais do que um encenador. Já não acontece o mesmo nos nossos dias em que a astúcia do experimentador, o rasgo de génio do teórico, provocam a admiração. E, para mostrar bem que a origem do fenómeno provocado é humana, é o nome do experimentador que é atribuído – sem dúvida até à eternidade – ao *efeito* que construiu. É o caso do efeito Zeeman, do efeito Stark, do efeito Raman, do efeito Compton, ou ainda do efeito Cabanes-Daure que poderia servir de exemplo de um *efeito* de certo modo *social*, produzido pela colaboração dos espíritos.

O pensamento pré-científico não se obstina no estudo de um fenómeno muito circunscrito. *Procura, não a variação, mas a variedade.* E isso constitui um traço particularmente característico: a procura da variedade leva o espírito de um objecto para outro, sem método; o espírito não visa assim mais do que a extensão dos conceitos; a procura da variação liga-se a um fenómeno particular, tenta objectivar todas as suas variáveis, experimentar a sensibilidade das variáveis. Enriquece a compreensão do conceito e prepara a matematização da experiência. Mas vejamos o espírito pré-científico à procura de variedade. Basta percorrer os primeiros livros sobre a electricidade para ficar surpreendido com o carácter heteróclito dos objectos em que se procuram as propriedades eléctricas. Não que se faça da electricidade uma propriedade geral: de uma maneira paradoxal, é considerada como uma propriedade excepcional, mas ligada às substâncias mais diversas. Na primeira categoria – naturalmente –, as pedras preciosas; depois, o enxofre, os resíduos de calcinação e de destilação, as belemnites, os fumos, a chama. Procura estabelecer-se uma ligação entre a propriedade eléctrica e as propriedades de primeira evidência. Tendo feito o *catálogo* das substâncias susceptíveis de serem electrizadas, Boulanger conclui que «as substâncias mais quebráveis e mais transparentes são sempre as mais eléctricas»([5]). Dá-se sempre uma grande atenção ao que é *natural*. Sendo a electricidade um princípio *natural*, esperou-se por momentos ter aí um meio para distinguir os diamantes verdadeiros dos diamantes falsos. O espírito pré-científico quer sempre que o produto natural seja mais rico que o produto factício, (*formation*, cap. I, I, pp. 29-31.)

Um exemplo: a garrafa de Leyde

14. A garrafa de Leyde foi a ocasião para um verdadeiro espanto([6]). «A partir do ano em que foi descoberta, numerosas pessoas, em quase todos os países da Europa, ganharam a sua vida deslocando-se a todo o lado para a mostrar. O homem comum de qualquer idade, de qualquer sexo e de todas as classes considerava este prodígio da Natureza com surpresa e espanto»([7]). «Um imperador poderia contentar-se, como rendimento, com somas dadas em schillings e em trocos para ver fazer a experiência de Leyde.» No decurso do desenvolvimento científico, veremos sem dúvida uma utilização especulativa de algumas descobertas. Mas esta utilização é agora insignificante. Os *demonstradores* de raios X que, há trinta anos, se apresentavam aos directores de escola para oferecer um pouco de novidade no ensino não faziam com certeza fortunas imperiais. Parecem ter desaparecido completamente nos nossos dias. Um abismo separa, doravante, pelo menos nas ciências físicas, o charlatão e o sábio.

([5]) Priestley, *Histoire de l'êlectrícité*, trad. 3 vol., Paris, 1771, t. I, p. 237.
([6]) Priestley, *Histoire de l'électriáté*, t. I, p. 156.
([7]) *Loc. cit.*, t. III, p. 122.

No séc. XVIII, a ciência interessa todo o homem culto. Pensa-se instintivamente que um gabinete de História natural e um laboratório se montam como uma biblioteca, ao sabor das ocasiões; confia-se: espera-se que os casos da descoberta individual se coordenem por si mesmos. A Natureza não é coerente e homogénea? Um autor anónimo, presumivelmente o abade de Mangin, apresenta a sua *História geral e particular da electricidade* com o bem sintomático subtítulo: «Ou o que disseram de curioso e divertido, de útil e interessante, de regozijante e jocoso, alguns físicos da Europa.» Sublinha o interesse muito mundano da sua obra, porque, se se estudarem as suas teorias, poder-se-á «dizer qualquer coisa de claro e preciso sobre as diferentes contestações que se levantam todos os dias no mundo, a propósito das quais as próprias Damas são as primeiras a propor questões... O cavaleiro a quem outrora um fio de voz e uma bela figura teriam podido bastar para ter um bom nome nos círculos, é obrigado, no momento presente, a saber pelo menos um pouco o seu Réaumur, o seu Newton, o seu Descartes» [8]. (*Formation*, cap. I, I, p. 33.)

2. «*Desrealização*» *do fenómeno eléctrico*

15. Os *progressos* do conhecimento dos fenómenos eléctricos puseram em evidência uma verdadeira *desrealização*. Foi necessário *separar* o fenómeno eléctrico das especificações materiais, que pareciam ser a sua condição profunda. Até ao fim do séc. XVIII foi considerada como uma *propriedade* de certas substâncias. Foi estudada como uma história natural que colecciona substâncias. Mesmo quando começou o primeiro esforço de distinção dos fenómenos, quando se reconheceram não somente

---

[8] Sem nome do autor, *Histoire générede et particulière de l'électricité*, 3 partes, Paris, 1752; 2.ª parte, pp. 2 e 3.

os fenómenos de atracção, mas também os fenómenos de repulsão, não foi possível manter a designação das duas electricidades como *vítrea* e *resinosa*. Estas designações são filosoficamente defeituosas. Em 1753, Canton reconhece (Mascart, *Traité d'électricité statique*, t. I, p. 14) «que uma barra de vidro despolido com esmeril adquiria a electricidade resinosa quando o esfregavam com flanela, e electricidade vítrea com um pano de seda oleado e seco». As condições da fricção podem modificar totalmente os fenómenos.
Hegel notou este movimento epistemológico (*Philosophie de la nature*, trad., t. II, p. 194): «Saber-se como a diferença da electricidade, que a princípio era associada a objectos empíricos determinados – ao vidro e à resina, o que deu origem à electricidade vítrea e à electricidade resinosa –, se idealizou e mudou numa diferença especulativa (*Gedankenunterschied*), em electricidade positiva e em electricidade negativa, à medida que a experiência se alargou e completou. Tem-se aí o exemplo que mostra de uma maneira notável como o próprio empirismo, que, inicialmente, pretende compreender e fixar o geral sob uma forma sensível, acaba por suprimir esta forma.»
E Hegel insiste à sua maneira mostrando «quão pouco a natureza física e concreta do corpo se empenha na electricidade».
A designação dos corpos em idio-eléctricos e em ane--léctricos também não pode ser mantida. Reconheceu-se que, se a electricidade não se manifestava nos metais friccionados, era porque a electricidade produzida passava para o solo através da mão do experimentador. Bastou colocar uma manga isoladora para que a electricidade aparecesse no metal.
De um modo definitivo, como o indica Mascart (t. I, p. 90): «Coulomb verificou que a electricidade não se espalha em nenhum corpo por uma afinidade química ou por uma atracção electiva, mas se reparte entre diferentes corpos postos em contacto, de uma forma independente

da sua natureza e unicamente em razão da sua forma e das suas dimensões.»
Em suma, a partir do fim do séc. XVIII, toda a referência interiorista fora pouco a pouco eliminada. A utilização do vidro, da resina, do enxofre para a produção de electricidade já não era decidida senão por razões de comodidade([9]). (*Rationalisme*, cap. VIII, pp. 144-145.)

3. *Formação do conceito de «capacidade eléctrica»*

16. Mas vamos seguir com um certo pormenor, de modo a fornecer um exemplo extremamente simples, a actividade conceptualizante que constitui a noção de capacidade eléctrica. Este exemplo bastará para provar que a conceptualização no pensamento científico não está suficientemente caracterizada, se nos colocarmos somente no ponto de vista do empirismo. Quando tivermos relembrado a formação *histórica* do conceito de capacidade eléctrica, passaremos à formação *epistemológica* deste conceito insistindo nos vários valores operatórios. Pensamos poder definir assim um *novo conceptualismo* que se encontrará colocado precisamente nesta zona intermediária, entre o nominalismo e o realismo, na qual agrupamos todas as nossas observações epistemológicas.

Quanto à primeira exposição, poderíamos resumi-la sob o título: da garrafa de Leyde ao condensador.

Não podemos de modo nenhum imaginar, hoje em dia, o prodigioso interesse ocasionado, no séc. XVIII, pelos fenómenos da garrafa eléctrica. Para Tibere Cavallo, a grande descoberta feita «no ano memorável de 1745 desta maravilhosa garrafa» «deu à electricidade uma face inteiramente nova». (*Traité complet d'électricité*, trad.

([9]) Estas considerações apenas visam a electricidade estática. A electricidade voltaica teve de distinguir os metais segundo as forças electro-motrizes que aparecem ao seu contacto.

1785, p. XXIII.) Quando, actualmente, por recorrência, encontramos na garrafa de Leyde as características de um condensador, esquecemos que este condensador foi primitivamente uma verdadeira garrafa, um objecto da vida comum. Sem dúvida, tal garrafa tinha *particularidades* que deviam embaraçar um espírito atento às significações *comuns*; mas a psicanálise das significações não é tão fácil como postulam os espíritos científicos seguros do seu saber. De facto, a noção de capacidade é uma noção difícil de ensinar a espíritos jovens e, neste ponto como em tantos outros, a historicidade acumula as dificuldades pedagógicas. Tentemos ver trabalhar um espírito reflectido que se instrui num laboratório do século XVIII. Não esqueçamos, para começar, as ideias claras, as ideias que se compreendem de imediato. Por exemplo, que a armadura interna termine por um gancho, eis o que é muito *natural*, uma vez que se tem de suspender a garrafa na barra de cobre da máquina de Ramsden. E, depois, relativamente a essa cadeia de cobre que vai do gancho às folhas metálicas que forram o interior da garrafa, *compreende-se* facilmente o seu papel num século em que se sabe já que os metais são os melhores condutores de electricidade. Tal cadeia é o princípio *concreto* da condução eléctrica. Fornece um sentido *electricamente concreto* à locução abstracta: *fazer cadeia* para transmitir entre dez pessoas o choque eléctrico. O gancho, a cadeia metálica, a cadeia das mãos que sentirão o choque, eis elementos facilmente *integrados* na imagem fácil da *garrafa eléctrica*. Ao acumular tais ingenuidades, arriscamo-nos indubitavelmente a cansar o leitor instruído. Encontramo-nos, no entanto, diante do próprio problema do conflito das *significações*: significação usual e significação científica. É preciso *objectivar* os fenómenos científicos, *apesar* das características dos *objectos* comuns. Importa determinar *o abstracto-concreto*, apagando os primeiros aspectos, as primeiras significações. Se déssemos atenção à fenomenologia do pedagogismo, reconheceríamos a importância nociva das primeiras convicções. De facto, através do exemplo tão simples que propomos pode ver-se de que maneira a integração fácil acarreta pensamentos *obscuros* que se associam às pobres ideias demasiado claras que enumeramos. Assim se forma uma monstruosidade pseudocientífica que a cultura científica terá de psicanalisar.

Uma palavra basta para definir a monstruosidade que prolifera no domínio das falsas explicações do conhecimento vulgar: a garrafa de Leyde não é uma *garrafa*. Não tem nenhuma, absolutamente nenhuma, das funções da garrafa. Entre uma garrafa de Leyde e uma garrafa de Sohiedam ([10]), existe a mesma heterogeneidade que entre um cão de caça e um cão de espingarda.

Para sair do impasse cultural a que nos levam as palavras e as coisas, é necessário fazer compreender que a *capacidade* da garrafa de Leyde não é a *capacidade* de um recipiente, que ela não *contém* verdadeiramente electricidade em função do seu tamanho e que não poderemos apreciar as suas *dimensões* em função da avidez de um bebedor.

E, no entanto, quanto *maior* for a garrafa de Leyde, tanto mais forte é, com a mesma máquina de Ramsden, o choque eléctrico! De onde vem a relação tamanho e choque?

Eis a resposta a esta primeira pergunta específica: se a garrafa tem grandes *dimensões*, a *superfície* das armaduras é *grande*. A extensão da superfície das armaduras é a primeira *variável técnica*.

Naturalmente, os primeiros *técnicos* tomaram imediatamente conhecimento do papel das superfícies, pois *armaram* o interior e o exterior da garrafa com folhas metálicas. Mas é necessário que a noção de *superfície activa* fique bem esclarecida para que seja eliminada toda a refe-

---

([10]) Fazem-me notar que há pessoas suficientemente ignorantes para não saberem que o Schiedam é um dos melhores álcoois holandeses.

rência confusa ao *volume* da garrafa. É pela sua superfície, pela superfície *de uma* armadura, que a garrafa eléctrica recebe «uma capacidade». Um outro factor menos aparente intervém em breve, é a espessura do vidro. Quanto mais fino é o vidro, maior é a *capacidade*. Não podemos, no entanto, servir-nos de vidros demasiado finos porque a descarga eléctrica poderia atravessá-los. Procura-se, portanto, *tecnicamente*, vidros muito regulares, sem bolhas internas. A *espessura* do vidro é assim a segunda variável técnica.

Por fim, reconhece-se a influência de um terceiro elemento mais escondido: a própria matéria do vidro. Substituindo o vidro por outra matéria, descobre-se que cada matéria tem uma virtude específica, que certas matérias dão fenómenos mais fortes do que outras. Mas esta referência a um poder dieléctrico específico só tem lugar se tiverem obtido alguns meios mais ou menos grosseiros de medida. Volta comparava ainda a *capacidade* de dois condutores, contando o número de voltas de uma máquina eléctrica, que dava a cada um destes condutores a sua carga máxima. Serão necessárias medidas mais precisas para que o factor K, que especifica a acção particular do dieléctrico na condensação, seja bem determinado. (*Rationalisme*, cap. VIII, pp. 147-149.)

4. A *«fórmula»* do condensador

17. Mas fizemos um esboço suficiente da pré-história empírica dos *condensadores* eléctricos, pois que obtivemos as variáveis técnicas que vão agora permitir uma instrumentação mais livre. Em lugar do condensador particular que era a garrafa de Leyde, podemos agora considerar os condensadores das mais variadas formas. Um condensador será constituído por duas folhas metálicas separadas por um isolante (podendo este isolante ser o ar). A palavra *condensador* é, de resto, também uma palavra

que deve ser integrada numa significação científica, é preciso libertá-la do seu sentido habitual, Em rigor, um condensador eléctrico não *condensa* a electricidade: recebe a quantidade de electricidade que lhe será concedida pelas leis que vamos esquematizar. Prevenimos contra a acepção usual da palavra *capacidade*. Em breve a noção será esclarecida pela teoria. Mas, se tivéssemos de explicar um pouco a palavra antes da coisa, sugeriríamos empregá-la no sentido de um *brevet de capacidade*. Pela sua capacidade, um condensador – ou, de uma maneira mais geral, um condutor isolado – é capaz de reagir de uma determinada maneira em condições que teremos de precisar([11]).

Como tudo se torna claro quando, por fim, aparece a *fórmula* que dá a capacidade de um condensador! Como tudo o que relatámos sobre as dificuldades psicológicas dos primeiros acessos à ciência se torna, de repente, psicologicamente nulo! É em virtude deste racionalismo, que se constitui numa fórmula, que podemos com toda

---

([11]) Chwolson, *Traité de physique*, t. IV, 1.º fascículo, 1910, p. 92: «A palavra *capacidade* foi derivada, por analogia, da teoria do calor; mas é importante notar que, ao passo que a capacidade calorífica de um corpo depende apenas da natureza e do peso desse corpo, a capacidade eléctrica de um condutor não depende nem da sua natureza, nem do seu peso, mas unicamente da sua forma exterior.» A comparação entre a capacidade eléctrica e a capacidade calorífica é, portanto, pedagogicamente, muito má. Se a história das ciências é tão difícil de apresentar no seu conteúdo psicológico, é porque nos reporta a concepções científicas ainda implicadas em concepções usuais. Eis um exemplo em que a palavra *capacidade* é intermediária entre as duas significações: *ser susceptível de electrização, ser um contentor de electricidade*: «O célebre P. Becaria pensa que a fricção aumenta a capacidade do corpo eléctrico; isto é, torna a parte que é friccionada capaz de conter uma maior quantidade de fluido; de tal maneira que esta recebe do corpo que fricciona uma superabundância de matéria eléctrica, que não se manifesta, entretanto, na sua superfície senão no momento em que a fricção deixa de agir sobre ela, e que então ela perde esta capacidade, fechando-se ou encolhendo-se» (Tibere Cavallo, *Traité complet d'électricité*, trad. 1785, p. 86).

a razão criticar as nossas preocupações de psicanálise do conhecimento científico. Mas não escrevemos somente para os *racionalistas convictos*, para os racionalistas que experimentaram as coerências do pensamento científico. É-nos necessário, portanto, assegurar a retaguarda, ter bem a certeza de que não deixamos atrás de nós vestígios de irracionalismo. Eis porque, acerca do caso específico que estudamos, quisemos dar toda a psicologia de purificação indispensável para fundar racionalmente a ciência física.

Eis, pois, a fórmula que pode agora ser o ponto de partida de uma racionalização da *condensação* eléctrica:

$$C = \frac{KS}{4\pi\varrho}$$

S = superfície de uma armadura (ficando bem entendido que a outra armadura deve ter, até aos infinitamente pequenos, a mesma superfície); e = espessura do isolante (suposta bem uniforme); K = poder eléctrico do isolante (suposto bem homogéneo).

Nesta fórmula, o estudo filosófico do factor K vai permitir-nos reacender o debate entre o empirismo e o racionalismo e mostrar a acção da racionalização técnica.

O factor K depende da *matéria* empregada. Poderemos, portanto, fazer dele o sinal *filosófico* da irracionalidade que resiste à integração dos fenómenos numa forma algébrica simples. O empirismo apoiar-se-á neste *facto*, de certo modo *incondicionado*, para mostrar que a ciência não pode atingir, nas suas explicações, o carácter íntimo, o carácter qualitativo das coisas. A electricidade teria, nesta maneira de ver, as suas substâncias singulares.

E, portanto, interessante mostrar que este carácter irracional atribuído a uma substância particular pode, de certo modo, ser dominado ao mesmo tempo pelo racionalismo e pela técnica.

Notemos, em primeiro lugar, que somos levados a falar do poder dieléctrico do vazio. Toma-se até o poder dieléctrico do vazio como unidade. Parece-nos que isto é já suficiente para provar que a *materialidade* de primeira aparência, aquela que toca os nossos sentidos, não está totalmente integrada na noção de capacidade de um condensador. De resto, se tomarmos consciência da racionalidade dos *papéis*, o papel de K e o papel de *e* na fórmula

$$C = \frac{K S}{4 \pi \varrho}$$

vão poder esclarecer-se por compensações. Uma vez que podemos aumentar a capacidade diminuindo *e* ou aumentando K, a inteligência técnica realiza uma inteira racionalização do factor *material*. A matéria já não é utilizada senão como um subterfúgio para evitar os *e* demasiado pequenos. Um condensador com uma camada de ar de espessura demasiado pequena descarregar-se-ia por uma faísca entre as placas. Substituindo a lâmina de ar por uma lâmina de mica, evita-se este inconveniente, pelo menos dentro de certos limites.

Assim, quando o empirismo nos objectar o carácter realista incondicionado do poder dieléctrico de uma substância, quando nos disser que o poder dieléctrico é representado por um número sem estrutura, um número com decimais sem lei racional, poderemos responder que o técnico não vê nisso mais irracionalidade do que num *comprimento determinado*. Tecnicamente, o poder dieléctrico recebe uma perfeita equivalência geométrica.

Bem entendido, limitámos a nossa discussão ao caso em que se tomam como lâmina isolante substâncias naturais, como a mica, ou substâncias fabricadas sem preocupação de um emprego especial, como o vidro. Teríamos novos argumentos se nos referíssemos à técnica própria das matérias, às possibilidades oferecidas por uma química que pode criar substâncias com propriedades *físicas* muito definidas.

De qualquer maneira, a técnica *realiza* com toda a segurança *a fórmula* algébrica da capacidade de um condensador. Eis um caso bem simples, mas particularmente claro, da junção do racionalismo e da técnica. (*Rationalisme*, cap. VIII, pp. 150-152.)

5. «*Socialização*» *do electrismo*

18. Mostremos, em primeiro lugar, como a técnica que constituiu a lâmpada eléctrica de fio incandescente rompe verdadeiramente com todas as técnicas de iluminação usadas por toda a humanidade até ao séc. XIX. Em todas as antigas técnicas, para iluminar é necessário *queimar* uma matéria. Na lâmpada de Edison, a arte técnica é *impedir* que uma matéria queime. A antiga técnica é uma técnica de combustão. A nova técnica é uma técnica de não-combustão.

Mas, para jogar com esta dialéctica, que conhecimento especificamente *racional* sobre a combustão é necessário ter! O empirismo da combustão já não é suficiente para quem se contentava com uma classificação das substâncias combustíveis, com uma divisão entre substâncias susceptíveis de alimentar a combustão e substâncias «impróprias» para a alimentar. É necessário ter compreendido que uma combustão é uma combinação, e não o desenvolvimento de um poder substancial, para impedir essa combustão. A química do oxigénio reformou de alto a baixo o conhecimento das combustões.

Numa técnica de não-combustão, Edison criou a ampola eléctrica, o vidro de lâmpada *fechado*, a lâmpada sem tiragem. A ampola não foi feita para impedir a lâmpada de ser agitada pelas correntes de ar. Foi feita para conservar o vácuo à volta do filamento. A lâmpada eléctrica não tem absolutamente nenhum carácter constitutivo comum com a lâmpada ordinária. A única característica que permite designar as duas lâmpadas pelo mesmo termo é que ambas iluminam o quarto, quando chega a noite. Para as aproximar, para as confundir, para as designar, fazemos delas o objecto de um comportamento da vida comum. Mas esta unidade de *objectivo* só é uma unidade de *pensamento* para quem só pensa no objectivo. É este *objectivo* que sobrevaloriza as descrições fenomenológicas tradicionais do conhecimento. Frequentemente, os filósofos acreditam conhecer o objecto conhecendo-lhe o nome, sem terem bem a noção de que um nome traz consigo uma significação que não tem sentido senão num corpo de hábitos. «Eis o que são os homens. Mostrou-se--lhes um objecto, ficam satisfeitos, isso tem um nome, eles não esquecerão tal nome.» (Jean de Boschère, *L'obscur à Paris*, p. 63.)

Mas objectar-nos-ão que, tomando como exemplo a lâmpada eléctrica, nos colocámos num terreno demasiado favorável às nossas teses. É bem certo, dir-se-á, que o estudo de fenómenos tão novos como os fenómenos eléctricos poderia dar à técnica da iluminação meios inteiramente novos. Mas não é essa a nossa discussão. O que queremos demonstrar é que na própria ciência eléctrica se institui uma técnica «não natural», uma técnica que não tira lições de um exame empírico da natureza. Não se trata, com efeito, como iremos fazer notar, de partir de fenómenos eléctricos tais como eles se oferecem à observação imediata.

Na ciência *natural* da electricidade, no séc. XVIII, dá-se precisamente uma equivalência substancial entre os três princípios, fogo, electricidade, luz. Por outras palavras, a electricidade é tomada pelas características evidentes da faísca eléctrica, a electricidade é fogo e luz. «O fluido eléctrico (diz o abade Bertholon, *L'électricité des végeteaux*, p. 25) é o fogo modificado, ou, o que significa o mesmo, um fluido análogo ao fogo e à luz; porque tem com eles grandes afinidades, as de iluminar, de brilhar, de inflamar e de queimar ou de fundir certos corpos: fenómenos que provam que a sua natureza é a do fogo, uma vez que os seus efeitos gerais são os mesmos; mas é o fogo modificado, pois que difere dele em alguns pontos.» Esta não é uma intuição isolada, encontrá-la-emos facilmente em numerosos livros do século XVIII. Uma técnica de iluminação associada a uma tal concepção substancialista da electricidade teria procurado transformar a electricidade em fogo-luz, transformação aparentemente fácil, visto que, sob as duas formas – electricidade e luz – se supunha tratar-se do mesmo *princípio material*. A exploração *directa* das primeiras observações, exploração guiada pelas intuições substancialistas, exigiria unicamente que atribuíssemos um *alimento* a esta electricidade fogo-luz (um *pabulum*, segundo o termo consagrado). Poríamos assim em acção toda uma série de *conceitos* utilizados na vida comum, em particular o conceito de *alimento*. que tem uma grande profundidade no inconsciente. Se aprofundássemos a *compreensão* dos conceitos «naturais», encontraríamos sob os fenómenos, aliás tão raros da electricidade, as qualidades profundas, as qualidades elementares: o fogo e a luz.

Assim enraizado nos valores elementares, o conhecimento comum não pode evoluir. Não pode deixar o seu *primeiro empirismo*. Tem sempre mais respostas do que dúvidas. Tem resposta para tudo. Vemo-lo bem no exemplo escolhido: se o pau de resina *lança* faíscas à mínima fricção, é porque está cheio de fogo. Porquê ficar chocado com este novo fenómeno? Não se fazem desde tempos imemoriais tochas com resina? E essas faíscas não são somente luz fria, são quentes, podem inflamar a aguardente.

Todas estas observações, no estilo empírico do século XVIII, provam a *continuidade* da experiência comum e da experiência científica. O fenómeno, que antes nos surpreendia, não é em breve mais do que um exemplo da circulação do fogo em toda a natureza, na própria vida. Como diz Pott, empregando a sábia palavra *flogisto*, mas pensando na palavra popular: *fogo*. «O alcance desta palavra (o flogisto) chega tão longe como o universo; está espalhada por toda a natureza, ainda que em combinações muito diferentes». Assim, não há intuições gerais a não ser as intuições ingénuas. As intuições ingénuas explicam tudo.

E, evidentemente, a *física natural* tem a sua microfísica. Considera que o fogo latente está *aprisionado* nos pequenos alvéolos da matéria, como a gota de óleo está fechada no pequeno grão de colza. A fricção, quebrando as paredes destes alvéolos, liberta o fogo. Se esta libertação se generalizasse, um fogo visível e constante acender-se-ia sobre o pau de resina friccionado pela pele de gato: existe *continuidade* entre o pau de resina e a tábua combustível do primeiro: «Considero (diz ainda Pott) a matéria do fogo contida nos corpos combustíveis o alimento do fogo, como um número de prisioneiros encadeados, em que o primeiro que é libertado vai imediatamente libertar o que lhe é vizinho, o qual, por sua vez, liberta um terceiro, e assim por diante...»

Tais imagens – que poderíamos multiplicar – mostram muito claramente com que facilidade um empirismo de observação estabelece o seu sistema e quão rapidamente este sistema é *fechado*. Como se vê, os conhecimentos eléctricos, tais como os constroem os primeiros observadores, são rapidamente associados a uma cosmologia do fogo. E, se se tivesse feito uma lâmpada eléctrica no séc. XVIII. ter-se-ia colocado a seguinte questão: como é que o fogo eléctrico latente pode tornar-se num fogo manifesto? Como é que a luz da faísca se pode tornar uma luz permanente? Outras tantas perguntas que tendem para uma resposta *directa*. Nenhuma destas apreciações do Universo pode guiar uma técnica.

Voltemos, pois, ao exame da fenomenotécnica. A história efectiva aí está para provar que a técnica é uma técnica racional, uma técnica inspirada por leis racionais,

EPISTEMOLOGIA DA FÍSICA | 61

por *leis algébricas*. Sabe-se bem que a lei racional que rege os fenómenos da lâmpada eléctrica incandescente é a lei de Joule, que obedece à fórmula algébrica $W = RI^2t$ (W: energia; R: resistência; I: intensidade; t: tempo). Eis uma relação *exacta* de conceitos muito definidos. W regista-se no contador. RI^2t despende-se na lâmpada. A organização objectiva dos valores é *perfeita*. Evidentemente, a cultura abstracta bloqueou as primeiras intuições concretas. Já não se diz – pensa-se apenas – que fogo e luz circulam no filamento ofuscante. A explicação técnica contradiz a explicação substancialista. Assim, quando se pretende determinar melhor os efeitos da *resistência*, relembra-se *a fórmula*: $R = \varrho \, \dfrac{1}{s}$ ϱ (ϱ: Resistividade do metal; *l*: comprimento do fio; *s*: secção do fio) e compreende-se a *necessidade* técnica de usar um fio longo e fino para aumentar a resistência, *admira-se* a delicadeza do fio tremendo sobre as suas poternas de vidro. O factor ϱ conserva, sem dúvida, uma certa reserva de empirismo. Mas é um empirismo bem enquadrado, racionalmente enquadrado. De resto, contra este empirismo, uma ciência mais avançada poderá vir ulteriormente multiplicar as suas conquistas. A indústria moderna ligando-se a uma técnica definida, trabalhando sobre uma substância bem purificada, tal como aqui o tungsténio, chega a uma espécie de racionalização da matéria. Para a fábrica que produz as lâmpadas com filamento de tungsténio, o factor ϱ já não conserva surpresa empírica. Ele está, de certo modo, materialmente desindividualizado. Se formos um pouco sensíveis aos matizes filosóficos, não podemos deixar de reconhecer o trabalho de racionalização em acção numa indústria que fabrica lâmpadas eléctricas em série.

Podemos, portanto, afirmar que a ampola eléctrica é um objecto do pensamento científico. É, a este título, para nós, um exemplo bem simples, mas muito nítido, de um objecto *abstracto-concreto*. Para compreender o seu funcionamento, é necessário fazer um desvio que nos conduz a um estudo das *relações* dos fenómenos, isto é, a uma ciência racional, expressa *algebricamente*. (*Rationalisme*, cap. VI, pp. 105-109.)

C. O Atomismo

19. O que faltava aos atomismos dos séculos passados, para merecer o nome de axiomático, era um movimento verdadeiramente real na composição epistemológica. Com efeito, não basta postular, com a palavra átomo, um elemento insecável para pretender ter colocado na base da ciência física um verdadeiro postulado. Seria ainda necessário servir-se desta hipótese, como a geometria se serve de postulado. Seria necessário não se confinar a uma dedução, com frequência inteiramente verbal, que tira consequências de uma suposição única; mas, pelo contrário, dever-se-ia tentar encontrar os meios de combinar características múltiplas e construir através desta combinação fenómenos novos. Mas como seria possível esta produção, pois que apenas se pensa em comprovar a *existência* do átomo postulado, em reificar uma suposição. A teoria filosófica do átomo põe fim às questões; não as sugere. (*Intuitions*, cap. VI, pp. 133-134.)

I. A noção de corpúsculo na física contemporânea

1. *Características principais*

20. Um filósofo que aborde o estudo da ciência física contemporânea é atormentado, em primeiro lugar, como toda a gente, pelo peso dos acontecimentos comuns; em seguida, como toda a pessoa culta, pelas recordações da sua própria cultura. Assim, imagina, seguindo as intuições da vida comum, que um *corpúsculo é* um pequeno corpo e pensa, numa homenagem tradicional à filosofia de Demócrito, que o átomo é um indivisível, o último elemento de uma divisão da matéria.

Com seguranças etimológicas tão indestrutíveis, como compreender a novidade da linguagem da ciência? Como aprender a formar noções inteiramente novas? Como estabelecer, à margem do empirismo quotidiano, a filosofia exacta do empirismo do laboratório? Como, enfim, substituir um racionalismo que funcionava baseado nas grandes certezas de um conhecimento universal por um racionalismo puramente axiomático, que se estabelece como uma espécie de vontade de manter regras bem definidas, bem limitadas a um domínio *particular*? Como se vê, as ciências físicas contemporâneas necessitariam, para receber os seus justos valores filosóficos, de filosofias anabaptístas que abjurassem ao mesmo tempo dos seus conhecimentos racionais elementares e dos seus conhecimentos comuns para abordar simultaneamente um novo pensamento e uma nova experiência.

Na nossa tentativa para *reduzir a noção de corpúsculo à sua novidade* e para inserir esta noção de corpúsculo no seu exacto contexto axiomático, vamos comentar uma sequência de teses, que exprimiremos de uma forma um pouco paradoxal para obstruir de imediato as intuições preguiçosas. (*Activité*, cap. III, p. 75.)

O corpúsculo não é um pequeno corpo. O corpúsculo não é um fragmento de substância. Não tem qualidades propriamente substanciais. Ao formular a noção de átomo, a química teórica já despojava o átomo de muitas das suas propriedades retidas pela experiência comum. Assim:

O azulado válido e fugitivo do enxofre[12], que o poeta designa como uma raiz da sua *ontologia infernal*, não deixa nenhum vestígio na química do átomo. Ao atomizar-se, o enxofre perdeu os seus aspectos satânicos. As «realidades» comuns não se interessam mais solidamente pelo

---

[12] Victor Hugo, *La fin de Satan*, L'ange de Liberté.

átomo do enxofre do que as suas «realidades» metafóricas. O átomo, pelo simples facto de ser definido numa organização racional da experiência química, recebe um *novo estatuto ontológico*. Ainda talvez mais nitidamente, os corpúsculos da física moderna são referidos a um tipo de organização experimental bem definido. Devemos determinar o estatuto ontológico ao nível da sua definição exacta. Trazemos hábitos ruinosos para a ciência se pensarmos, por exemplo, que o electrão é um pequeno corpo carregado de electricidade negativa, se pensarmos – em dois tempos – a existência de um ser e a existência das suas propriedades. H. A. Wilson indicou explicitamente o vazio filosófico de um tal pensamento[13]: «Podemos perguntar se protões e electrões devem ser olhados como partículas materiais carregadas de electricidade. A resposta é que esta ideia não é justificada pelos factos. A operação de carregar um corpo com electricidade negativa consiste em juntar electrões a estes corpos, e um corpo é carregado positivamente suprimindo-lhe electrões, de maneira a deixar-lhe um excesso de protões. Assim, não podemos supor um electrão carregado negativamente, uma vez que juntar um electrão a um electrão daria dois electrões. Electrões e protões são precisamente átomos de electricidade e. tanto quanto se sabe hoje em dia, são indivisíveis. Conhecemos apenas a electricidade sob a forma de electrões e de protões, de modo que não faz nenhum sentido falar destas diferentes partículas como se consistissem de duas partes: electricidade e matéria. Traduzimos este longo texto porque o físico que no-lo dá não hesita em insistir sobre uma dificuldade filosófica muito determinada. Estamos aqui diante de uma ruptura absoluta dos conceitos da microfísica e dos conceitos da física clássica. A operação: «carregar um *corpo* de electricidade», tão comum na ciência eléctrica comum, já não faz sentido ao nível do *corpúsculo*. O *corpúsculo eléctrico* não é

---

[13] H. A. Wilson, *The Mysteries of the atom*, 1934, p. 28.

um *pequeno corpo carregado de electricidade*. Uma análise linguística seria enganadora. A análise filosófica usual deve também proscrever-se. Temos, com efeito, de onerar a síntese total do atributo e da substância ou, melhor dizendo, devemos «realizar» pura e simplesmente o atributo. Por trás do atributo *electricidade* não é de considerar a substância *matéria*. A filosofia do corpúsculo, nesta ocasião do corpúsculo eléctrico como em outros casos, ensina-nos uma ontologia muito definida, estritamente definida. E esta ontologia teria um valor de ensino filosófico considerável, bastando que o filósofo quisesse dedicar-se-lhe: com efeito, a ontologia do corpúsculo risca com um traço particularmente nítido toda a fuga para o irracionalismo da substância.

O corpúsculo não tem dimensões absolutas assinaláveis; não se lhe confere mais do que uma *ordem de grandeza*. Esta ordem de grandeza determina mais uma zona de *influência* do que uma zona de *existência*. Ou, mais exactamente, o corpúsculo só existe nos limites do espaço em que actua.

Em muitas ocasiões, assinalaremos o carácter essencialmente *energético* da existência corpuscular. Na sua recente obra: *Philosophy of Mathematics and Natural Science* (1949), Hermann Weyl, lembrando que a ordem de grandeza atribuída ao electrão é 10-13 cm, acrescenta: «este número deve ser interpretado como a distância à qual dois electrões se aproximam um do outro com uma velocidade comparável à velocidade da luz».

O corpúsculo é assim definido, não verdadeiramente no seu ser como uma coisa inerte, mas no seu *poder de oposição*. E a curiosa definição de Hermann Weyl procura, de alguma maneira, a oposição máxima. Com efeito, se pensarmos que a velocidade da luz é tida. na ciência relativista contemporânea, como uma velocidade limite, vemos aparecer uma relação entre a *velocidade limite* de abordagem e a *pequenez limite*.

Esta maneira de definir *dinamicamente* as dimensões limites de um corpúsculo deve esclarecer-nos sobre a novidade essencial da filosofia corpuscular moderna. Nada que se pareça com a noção clássica de *impenetrável*. Não é preciso tornar os físicos mais realistas – mais tradicionalmente realistas – do que eles são e ligar, como parece fazer Meyerson, o atomismo da ciência moderna ao atomismo dos filósofos. Somente os filósofos consideram ainda o átomo, ou o corpúsculo, como *impenetrável*. Ora, podem ler-se alguns milhares de livros da física e da química modernas sem ver evocada a noção de impenetrabilidade. Quando a noção parece desempenhar um papel, reconhece-se rapidamente que ela não o desempenha com um *carácter absoluto*, como acontecia no atomismo filosófico...

Correlativamente, se o corpúsculo não tem dimensões assinaláveis, também não tem forma assinalável.
Por outras palavras, o *elemento não tem geometria*. Tal facto deve ser colocado na base da filosofia corpuscular moderna. É de uma grande novidade filosófica.

A geometria só intervém na composição dos elementos e unicamente quando esta composição é possível. Do ponto de vista do conhecimento dos fenómenos e das substâncias, a geometria aparece primeiro como um jogo de pontos e de direcções. Parece que a composição suscita orientações das quais se pode afirmar uma existência virtual nos elementos antes da composição. Mas esta existência virtual deve conservar-se como uma vista do espírito. O elemento restituído à sua solidão não tem geometria...

Uma vez que não podemos atribuir uma forma determinada ao corpúsculo, também não podemos atribuir-lhe um lugar muito preciso. Atribuir-lhe um lugar preciso não seria, como efeito, atribuir-lhe, do exterior, de certo modo negativamente, uma *forma*?

Assim a intuição confunde-se, quer ao buscar o lugar absoluto, quer ao procurar a figura absoluta. Neste ponto, assiste-se a uma ruptura total com a imaginação cartesiana.

Com efeito, como é bem conhecido, em virtude do princípio de indeterminação de Heisenberg, a localização do corpúsculo, na análise externa que se pede à microfísica, encontra-se submetida a tais restrições que a função da *existência situada* já não tem valor absoluto. Esta carência da ontologia pontual incidindo precisamente na física do corpúsculo deve fazer reflectir o filósofo. A *existência situada* não é a função primordial que designe os objectos em qualquer discussão sobre o *realismo*? *Estar aí* é também a função primordial que fixa a perspectiva de objectivação na filosofia fenomenológica. Ao seguir discussões filosóficas, perguntamo-nos frequentemente se a consciência não é uma *consciência de índex*, uma consciência de dedo apontado para as coisas. Mas a microfísica não poderia conservar este privilégio de designação directa. Por conseguinte, tanto o realismo tradicional como a fenomenologia moderna se revelam inaptos para abordar a microfísica. São filosofias que se orientam a partir da experiência comum. A ciência contemporânea reclama um novo começo. Põe ao filósofo o curioso problema de uma nova partida. É necessário aqui apoiar-se em técnicas que não se exprimem totalmente na linguagem dos nossos gestos mecânicos e das nossas intuições geométricas. A revolução epistemológica, que a microfísica traz, leva de resto a substituir a fenomenologia por uma numenologia, isto é, por uma organização de *objectos de pensamento*. Os *objectos de pensamento* tornam-se, por consequência, *objectos de experiências técnicas*, num puro artificialismo da experiência. Quantos fenómenos directos devem ser afastados, bloqueados, subtraídos, para trabalhar na física do electrão! Quantos pensamentos acumulados, coordenados, discutidos, para assegurar as técnicas do electrão!

Deve também sublinhar-se na mesma ordem de pensamentos paradoxais que a locução, tão familiar, tão clara na experiência comum: *estar em* começa a levantar objecções tão importantes como as objecções feitas à locução *estar aí*. Com efeito, pode ver-se na ciência do núcleo atómico o caso curioso de um corpúsculo que existe à *saída* de um espaço, no qual plausivelmente não existia. Sai *certamente* dos electrões do núcleo no decorrer de certas transmutações. Naturalmente, as primeiras tentativas para imaginar a estrutura do núcleo foram feitas tomando o electrão como um dos elementos do edifício nuclear. Mas a concepção de um electrão intra-nuclear conduziu a dificuldades cada vez maiores. Está-se agora convencido de que não existem electrões no núcleo. É, de certo modo, a *dinâmica da expulsão* que dá aqui a *existência corpuscular* ao resultado da expulsão. O dinamismo é aqui, uma vez mais, o primeiro princípio a meditar e é necessário chegar a uma informação essencialmente dinâmica da micrologia. Quanto mais se penetra no domínio da microfísica, mais importância se deve dar aos temas da energia. Só os objectos do conhecimento comum podem existir *placidamente*, tranquilos e inertes no espaço.

Constatemos também, de passagem, como e quanto o pensamento científico amadureceu rapidamente nos nossos dias. Durante séculos pensou-se que o fogo *existia* antes da percussão na pederneira. Apenas durante uma dezena de anos se rastreou a intuição correspondente para o electrão no núcleo.

Em várias circunstâncias, a microfísica estabelece, como um verdadeiro princípio, a perda de individualidade de um corpúsculo.

Com efeito, se dois corpúsculos individualizados pelas suas trajectórias passarem por uma região suficientemente estreita para que se não possa mais distingui-los, à saída desta região já não será possível manter a numeração que os distinguia.

Contudo, seria um engano ver aí um acidente que arruína o conhecimento. Na realidade, a constatação do facto de uma desindividualização nas circunstâncias que acabamos de evocar fornece um princípio fecundo, um princípio que dá conta de todo um sector da experiência positiva. Trata-se, em suma, de um corolário do princípio de indeterminação de Heisenberg. Este corolário tem a mesma *positividade* que o teorema fundamental. Bem entendido, também ele exige um ponto de partida. Renova a noção de indiscerníveis, que deu origem a tantas discussões entre os filósofos... Enfim, última tese que contradiz o axioma fundamental do atomismo filosófico: a física contemporânea admite que *o corpúsculo possa aniquilar-se*. Assim o átomo, cuja primeira função era resistir a toda a mudança íntima, e, *a fortiori*, à destruição, já não preenche, na ciência contemporânea, a sua função de existência radical. O antigo adágio: nada se perde, nada se cria, deve ser de novo meditado. Há, sem dúvida, fenómenos consecutivos à aniquilação de um corpúsculo e o filósofo poderá arguir que, desaparecido o corpúsculo, alguma coisa subsiste. Mas esse *alguma coisa* já não é uma *coisa*. Pensando tornar mais clara a filosofia realista que atribuía ao físico, Meyerson dizia que o físico era *coisista*. Esta intuição vinha ao encontro, sob muitos aspectos, da afirmação bergsoniana sobre a inteligência humana que estaria especificamente adaptada ao conhecimento dos *sólidos*. Os átomos eram então concebidos como pequenos sólidos, como pequenas coisas. O atomismo era, por excelência, a doutrina das coisitas.

A aniquilação de um corpúsculo consagra, parece–nos, a derrota do coisismo. Vamos retomar, em breve, o debate com o coisismo. Mas ainda é necessário que sublinhemos, desde já, a sua importância filosófica. É tanto mais necessário quanto estes fenómenos de criação e de aniquilação corpusculares não retêm de modo nenhum a atenção do comum dos filósofos. Esta indiferença diante de fenómenos tão curiosos é uma nova marca da profunda separação entre o espírito filosófico e o espírito científico. Quando, diante de um público de filósofos, se evocam estes fenómenos de aniquilação e de criação, apercebemo-nos quase fenomenologicamente destas *indiferenças*, lemos verdadeiramente esta indiferença nos seus rostos. Tais fenómenos são, para o filosofo moderno, fenómenos «da ciência», não são fenómenos da «natureza». O filósofo aceita-os sem discutir – é preciso! – e continua. Não os leva em conta em filosofia. Conserva os seus absolutos na própria época em que a ciência prova o seu declínio. (*Activité*, cap. III, pp. 75-82.)

2. Derrota do «Coisismo»

21. Se se percorrer a lista de restrições que relembramos nas páginas precedentes, vê-se que, mal se pôs o conceito de *coisa* sob as propriedades do elemento corpuscular, foi preciso *pensar* os factos da experiência, retirando-lhes o *excesso* de imagem que existe nesta pobre palavra *coisa*. É necessário, em particular, tirar à *coisa* as suas propriedades espaciais. Então o corpúsculo define-se como uma coisa não-coisa. Basta considerar todos os «objectos» da microfísica, todos os recém-chegados que a física designa pela terminação – ão – digamos todos os –ões– para compreender o que é uma coisa não-coisa, uma coisa que se singulariza por propriedades, que nunca são as propriedades das coisas comuns. Tentaremos, em seguida, caracterizar rapidamente todos estes electrões, (protões, nucleões, neutrões, fotões... Mas, desde já, devemos notar a grande variedade das suas tonalidades filosóficas. Têm estatutos ontológicos diferentes. E esta diferença seria ainda maior se acrescentássemos à nossa lista as gravitões de Mme. Tonnelat, os limitões de Kwal, os excitões de Bowen e todos os projécteis da física nuclear. Diante de uma tal variedade, os filósofos, os realistas, os positivistas, os racionalistas, os convencionalistas – e os cépticos – podem daí retirar o exemplo que lhes sirva de argumento. Abafar-se-iam as discussões filosóficas ao confundir todos os aspectos sob a qualificação de *coisista*.

Seria necessário, de resto, pôr paralelamente ao problema do *coisismo* o problema similar do *choquismo*. Com a noção de *choque* encontramo-nos diante de uma espécie de monstruosidade epistemológica. Considera-se como *simples* e é de uma complexidade inicial, pois que sintetiza noções geométricas e noções materialistas. Constrói--se assim ciência e filosofia sobre um conjunto de imagens grosseiras e ingénuas. Que seria a filosofia de Hume se os homens não tivessem jogado bilhar! Uma carambola bastou para fazer a filosofia de toda a natureza. E o paradoxo continua. O choque, que fornece tantas lições para uma cosmologia do acaso, proporcionou a própria raiz da doutrina da causalidade. O choque oferece verdadeiramente a lição ingénua da causalidade. E podemos perguntar-nos se a noção de causalidade ultrapassa a informação que dão as intuições ingénuas do choque. Cuvier faz a este respeito uma confissão muito clara, que não reteve suficientemente a atenção dos filósofos: «Uma vez saídos dos fenómenos do choque, já não temos ideias nítidas sobre as relações de causa e efeito»[14]. (*Activité*, cap. III, pp. 83-84.)

3. Derrota do «Choquismo»

22. Haveria muito a dizer sobre o *choque esquematizado* que passa por ideia simples no conhecimento comum. Mas, se nos ativermos à filosofia corpuscular, parece ser necessário defendermo-nos de toda a referência a uma teoria macroscópica do choque e ser necessário refazer de novo uma teoria do encontro. Émile Meyerson escreve, porém: «Toda a acção entre corpúsculos não pode, *evidentemente*, operar-se a não ser pelo choque... a acção pelo choque constitui o elemento *essencial*, não unicamente da teoria dos gases, mas de toda a teoria corpuscular»[15]. Sublinhámos duas palavras do texto, porque são as pala-

---

[14] Cuvier, *Rapport historique sur les progrès des sciences naturelles depuis*, 1789, Paris, 1818, p. 7.
[15] Emile Meyerson, *Identité et réalité*, p. 63.

vras sobre as quais se devia fazer oposição numa discussão com o filósofo coisista. Mas tal discussão é inútil. A ciência contemporânea é formal, conclui exactamente pelo inverso da tese meyer--soniana. Com efeito, a ciência actual evita cuidadosamente empregar a palavra *choque*, a não ser em vista da brevidade, em lugar dos diferentes processos de interacção. Por exemplo, no seu belo livro sobre os raios cósmicos, Leprince-Ringuet escreve: «No domínio atómico e, em particular, quando se trata de partículas como os electrões, a expressão de «choque»... não implica que tenha havido contacto, pela razão de que não é possível fazer-se uma representação espacial do electrão: é melhor dizer «interacção» do que choque, porque faz intervir imagens menos definidas e é menos inexacto»([16]). P. e R. Daudel fazem a mesma observação: para eles, falar de choque à escala da microfísica não faz muito sentido([17]).
Acumularíamos facilmente observações similares. De resto, basta pensar em fenómenos de interacção de partículas de *natureza diferente*, como o fotão e o electrão, para compreender que esta interacção não pode ser estudada como um choque de duas bolas de idêntico marfim. É necessário, então, pelo menos, dar ao choque novas definições. O efeito Compton, que estuda uma tal interacção, está cheio de novos pensamentos. Perderíamos o seu valor instrutivo se negligenciássemos a variação de frequência do fotão, se nos limitássemos a ver no encontro um «choque».
Assim, o *coisismo* e o *choquismo* aparecem-nos como filosofias muito pouco apropriadas para uma descrição dos fenómenos da ciência moderna. Tais filosofias entregam--nos à escravidão das nossas intuições primeiras relativas ao espaço e à força. Estamos mal preparados para seguir

---

([16]) Leprince-Ringuet, *Les rayons cosmiques*, Albin Michel, no uv. éd., p. 23.
([17]) P. et R. Daudel, *Atomes, molécules et lumière*, Paris, 1946.

a evolução do atomista moderno, se aceitarmos a fórmula de Meyerson, que diz que o átomo não é, «a bem dizer, senão um bocado do espaço»([18]). Eis uma elementar fórmula-resposta, uma fórmula que fecha as questões, que não faz perguntas, que não dá importância à enorme problemática do atomista moderno. Liquida, por isso, muito depressa, as restrições prudentes do espírito positivista. Podemos, portanto, apresentar esta fórmula como um exemplo nítido da involução do pensamento filosófico. Na verdade, a noção de um corpúsculo definido como «um pequeno bocado do espaço» reconduzir-nos-ia a uma física cartesiana, a uma física democritiana *contra* as quais é necessário pensar, se se pretendem abordar os *problemas* da ciência contemporânea. A noção de corpúsculo concebido como um pequeno corpo, a noção de interacção corpuscular concebida como o choque de dois corpos, eis precisamente *noções-obstáculos,* noções paragem-de-cultura contra as quais é necessário precaver-se.

E, a este propósito, é todo o drama da «explicação das ciências» que é necessário evocar: porque se explica e a quem se explica? Sem dúvida, explica-se a quem precisa de explicação, a quem não sabe. Mas saberá ele um pouco e quererá saber mais? E, se o ignorante quiser saber *mais,* estará preparado para saber de *outra maneira?* Estará ele pronto a receber progressivamente toda a problemática do tema estudado? Em suma, trata-se de curiosidade ou de cultura? Se a «explicação» não for mais que uma *redução* ao conhecimento comum, ao conhecimento vulgar, não terá nada a ver com a *produção* essencial do pensamento científico. Ora, demasiado frequentemente, repitamo-lo neste ponto preciso da nossa discussão, a filosofia, ao interrogar o sábio, pede-lhe para *reduzir* o conhecimento científico ao conhecimento usual, ou seja, ao conhecimento sensível. Sobe ao longo dos séculos para reencon-

---

([18]) Émile Meyerson, *Identité et réalité,* p. 243.

trar a feliz ingenuidade das intuições primeiras. (*Activité*, cap. III, pp. 85-86.)

II. O conceito científico de matéria na física contemporânea

1. A física contemporânea é «materialista»

23. Uma coisa pode muito bem ser um objecto inerte para uma espécie de empirismo ocioso e maciço, para uma experiência não realizada, ou seja, não comprovada e, por consequência, abstracta, apesar das suas reivindicações do concreto. Não acontece o mesmo com uma experimentação da microfísica. Aí, não se pode praticar a pretensa análise do real e do devir. Só se pode descrever numa acção. Por exemplo, que é um fotão imóvel? Não se pode separar o fotão do seu raio, como gostaria, sem dúvida, de fazer um *coisista* habituado a manejar os objectos incessantemente disponíveis. O fotão é evidentemente um tipo de coisa-movimento. De uma maneira geral, parece que quanto mais pequeno é o objecto, melhor ele realiza o complexo de espaço-tempo, que é a própria essência do fenómeno. O materialismo alargado, liberto da sua abstracção geométrica primitiva, leva assim naturalmente a associar a matéria e a radiação.

Deste ponto de vista, quais vão ser, para a matéria, as características fenomenais mais importantes? São as que dizem respeito à sua energia. Antes de mais nada, é necessário considerar a matéria como um transformador de energia, como uma fonte de energia; depois, prefazer a equivalência das noções e perguntar-se como é que a energia pode receber as diferentes características da matéria. Por outras palavras, é a noção de energia que forma o traço de união mais frutuoso entre a coisa e o movimento; é por intermédio da energia que se avalia a eficácia de uma coisa em movimento, é por este intermédio que podemos ver como um *movimento se torna uma coisa*.

Sem dúvida, na macrofísica do século passado já se
examinavam com cuidado as transformações de energia, mas tratava-se sempre de balanços foscos em que o
pormenor da evolução não estava fixado. Daí a crença
nas transformações contínuas num tempo sem estrutura: a continuidade de uma conta no banco impedia de
compreender o carácter descontínuo da troca. Tinha-se
chegado a uma espécie de doutrina abstracta da transferência, que bastava, acreditava-se, para explicar a economia energética. Assim, as energias cinéticas tornavam-se
potenciais; as diversas formas de energia, caloríficas,
luminosas, químicas, eléctricas, mecânicas, transformavam-se directamente uma na outra, graças a coeficientes de conversão. Sem dúvida, caía-se mais ou menos na
conta de que uma matéria devia formar o lugar, servir
de base a esta troca energética. Mas, em tais trocas, a
matéria não era muitas vezes mais que uma espécie de
causa ocasional, um simples meio de expressão para uma
ciência que queria continuar realista. Toda uma escola,
de resto, pretendia dispensar a noção de matéria. Era o
tempo em que o Ostwald dizia: O pau que bate em Scapin
não prova a existência do mundo exterior. Esse pau não
existe. Só existe a sua energia cinética. Karl Pearson dizia
o mesmo: A matéria é o imaterial em movimento, *Matter
is non-matter in motion*([19]). Outras tantas afirmações que
podiam parecer legítimas, porque não sendo a matéria
considerada senão como um suporte plácido e a energia
como uma qualidade de certa forma exterior e indiferente ao suporte, era possível, através de uma crítica à
Berkeley, fazer a economia do suporte para apenas falar
do verdadeiro fenómeno de essência energética. Assim se
explica que uma tal doutrina se tenha afastado de todo o
estudo relativo à estrutura da energia. Não somente ela
se opunha às investigações atómicas sobre a estrutura da

([19]) Cité par Reiser, Mathematics and emergent evolution, in
Monist, Out. 1930, p. 523.

matéria, mas dirigia-se, no seu próprio domínio, para um estudo geral da energia, sem procurar construir a energia. *(Nouvel Esprit,* cap. III, pp. 61-63.)

2. Ela não é empirista

24. Se seguirmos assim o problema das trocas entre a matéria e a energia, tentando descer aos domínios da microfísica onde se forma o novo espírito científico, apercebemo-nos que o estado de análise das nossas intuições comuns é muito enganador e que as ideias mais simples, como as do *choque,* da *reacção,* da *reflexão* material ou luminosa, precisam de ser revistas. O mesmo é dizer que as ideias simples precisam de ser complicadas para poderem explicar os microfenómenos.

Tomemos, por exemplo, o caso da reflexão luminosa e vejamos como a própria ideia de reflexão, tão clara na intuição macroscópica, se torna confusa desde que se pretende estudar a «reflexão» de uma radiação sobre um corpúsculo. Compreenderemos facilmente neste exemplo a ineficácia epistemológica das ideias simples do tipo cartesiano, quando se vão buscar estas ideias simples a uma intuição imediata, na qual se realiza demasiado depressa a fusão dos ensinamentos da experiência e da geometria elementares.

A experiência habitual do espelho é, ao primeiro contacto, tão simples, tão clara, tão distinta, tão geométrica que poderia ser colocada na base da *conduta científica,* no mesmo estilo em que Pierre Janet fala do comportamento do cesto para caracterizar a mentalidade humana e mostrar a grande superioridade da criança que compreende a acção totalizante do cesto, enquanto que o cão nunca se serve do cesto como colector de objectos. Na realidade, o comportamento do espelho é um esquema de pensamento científico tão primitivo que parece difícil de analisar psicologicamente. Também os principiantes se admiram muitas vezes com a insistência do/professor diante da *lei* da reflexão. Parece-lhes evidente que o raio reflectido tome uma orientação exactamente simétrica ao raio incidente. O fenómeno imediato não põe o problema. Priestley, na sua história da óptica, diz que a lei da reflexão foi sempre conhecida, sempre compreendida. A dificuldade do desenvolvimento pedagógico provém aqui, como em muitos casos, da facilidade da experiência. Esta experiência constitui precisamente o tipo de *dados imediatos* que o pensamento científico novo deve reconstruir. E isto não é uma questão de pormenor, porque a reflexão da luz ilustra toda a experiência de ressalto. As intuições mais diversas reforçam-se umas às outras: compreende-se o choque elástico pela reflexão luminosa aplicando um princípio intuitivo caro a Kepler, que queria que «todos os fenómenos da natureza fossem referidos ao princípio da luz». Reciprocamente, explica-se a reflexão pelo ricochete das balas luminosas. É mesmo nessa aproximação que se encontra uma prova da materialidade destas balas. Cheyne, um comentador de Newton, refere-o expressamente. A luz é um corpo ou uma substância, diz ele, porque «pode ser reflectida e determinada a mudar de movimentos como outros corpos, e (que) as leis da reflexão são as mesmas que as dos outros corpos». Encontraremos no sábio livro de Mme. Metzgel([20]), do qual retiramos esta citação, passagens em que o substancialismo dos corpúsculos luminosos é mais acentuado; o ricochete continua sempre a ser a primeira prova. O princípio de razão suficiente actua claramente a propósito da lei da reflexão; vem subitamente ligar à experiência real a lei matemática e assim se forma, na base da ciência, um belo tipo de *experiência privilegiada*, de grande riqueza explicativa, totalmente explicada; um acontecimento do mundo físico é promovido à categoria de meio de pensamento,

---

([20]) Mme. Helène Metzger, *Newton, Stahl, Boerhaave et la doctrine chimique*, pp. 74 e segs.

de *Denkmittel* de categoria do espírito científico. Este acontecimento é a ocasião de uma geometrização fulminante que deveria levantar as suspeitas do filósofo habituado à complexidade da Física matemática.

Com efeito, esta fonte de clareza que é a intuição privilegiada da reflexão luminosa pode ser uma causa de cegueira. Sigamos, por exemplo, a propósito do problema da cor azul do firmamento, os reais obstáculos trazidos pela *conduta do espelho*. O problema foi posto pela primeira vez em termos científicos por Tyndall. Tyndall não se contentou com a explicação substancialista, curiosamente ambígua, que pretendia que o ar fosse incolor com pouca espessura, e colorido com grande espessura, dupla afirmação bem característica de um espírito pré-científico, descansado perante as teses realistas, mesmo quando contraditórias. Fazendo referência a engenhosas experiências sobre suspensões de *almécega* em água límpida, Tyndall acreditou poder estabelecer que o fenómeno do azul do céu provinha de uma difusão da luz sobre partículas materiais. Lord Rayleigh apresentou em 1897 uma teoria do fenómeno, mostrando que a difusão não se fazia de modo nenhum através de poeiras ou de gotinhas, mas sim de moléculas do próprio gás. Segundo esta teoria, toda a luz emitida pelo Sol está bem difundida, mas como a intensidade da luz difundida é inversamente proporcional à quarta potência do comprimento de onda, é a luz azul, cujo comprimento de onda é o mais pequeno, que predomina no efeito de conjunto. A fórmula de Lord Rayleigh é engenhosa e rebuscada, mas a intuição de base permanece muito simples: energia recebida é devolvida; a molécula faz pura e simplesmente obstáculo à luz, reflecte a luz segundo o comportamento do espelho. Não há necessidade, pensa-se, de procurar mais longe. Não nos encontramos diante da mais clara, da mais distinta, da mais essencial das intuições em que a *coisa* reflecte um movimento?

Ora, uma descoberta muito importante continuava escondida pela própria explicação. Pareceria evidente que o fenómeno de mudança de cor da luz reflectida devesse sugerir um estudo espectroscópico da radiação difundida. No entanto, este estudo espectroscópico foi durante muito tempo negligenciado. [...]

25. Foi somente em 1928 que um físico genial hindu, Sir Raman, fez notar que a luz difundida contém raios de frequências inferiores e superiores à frequência incidente. O alcance científico da descoberta do efeito Raman é muito conhecido, mas como negligenciar o seu alcance metafísico? Com efeito, ao nível da microfísica, apercebe-se uma cooperação entre a radiação e a molécula; a molécula reage juntando à radiação recebida as suas próprias características radiantes. A vibração que vem tocar a molécula não ressaltará como um objecto inerte, nem como um eco mais ou menos abafado; terá um outro timbre, porque vibrações múltiplas virão juntar-se-lhe. Mas esta é ainda uma visão e uma expressão demasiado materialista para darem conta da interpretação quântica do fenómeno: será verdadeiramente um espectro luminoso que sai da molécula tocada por um raio? Não será antes um *espectro de números* que nos transmite as novas matemáticas de um mundo novo? De qualquer maneira, quando vamos ao fundo dos métodos quânticos, damo-nos conta de que já não se trata de um problema de choque, de ricochete, de reflexão, nem sequer de uma simples troca energética, mas que as trocas de energia e de luz se estabelecem segundo um jogo duplo de escrita, regido por conveniências numéricas complicadas. Assim, o azul do céu interpretado matematicamente é actualmente um tema de pensamento científico, de que nunca seria demais acentuar a importância. O azul do céu, do qual nós afirmámos mais acima, o pouco que tem de «realidade» é tão instrutivo para o novo espírito científico como o foi, séculos atrás, o mundo estrelado por cima das nossas cabeças.

Assim, é quando observamos o fenómeno luminoso resistindo ao esquematismo, lutando contra a intuição primeira, provocando razões de pluralismo experimental, que se atingem os pensamentos que corrigem os pensamentos e as experiências que corrigem as observações. (*Nouvel Esprit*, cap. III, pp. 71-73.)

3. *Ela não descreve, «produz» fenómenos*

26. Desde que se sabe que as trocas de energia se fazem, no pormenor dos fenómenos, por unidades, desde que se conhece o valor desta unidade, encontramo-nos diante de uma outra *perspectiva de racionalidade*. Assim, o fracasso das intuições continuistas está bem longe de ser um fracasso do racionalismo. Este fracasso pôs a racionalização num caminho novo. O racionalismo clássico, desenvolvendo-se em intuições estritamente geométricas, não podia atingir a realidade senão através do espaço. As relações entre o racionalismo e o idealismo podiam continuar estreitas. O racionalismo da energia tira toda a possibilidade de interpretação idealista. Se pretendesse desenvolver uma interpretação subjectiva, não abordaria senão metáforas, sofreria a sedução das belas imagens do activismo. O destino do racionalismo da energia é inteiramente diferente quando o consideramos no imenso sucesso do energetismo quântico, do energetismo descontínuo. Este racionalismo é doravante um racionalismo que tem um objecto real, um racionalismo que informa o carácter realístico maior. A energia é a própria realidade, dizia-se já no fim do séc. XIX. O químico Ostwald gostava de repetir que não era o pau de Scapin que era real, mas a energia cinética do pau. Mas o energetismo do século XX tem um alcance muito diferente. Não é uma simples descrição dos fenómenos; põe em evidência a *produção* dos fenómenos. O energetismo quântico não nos dá somente o *como* dos fenómenos, dá-nos o *porquê* dos fenómenos.

E, além do mais, esta ciência do *porquê* pode parecer uma *decepção total* para a ciência do *como*. Precisamente esta ciência do *porquê* exige uma conversão de interesses, uma adesão a novos tipos de explicação, substituindo precisamente as provas racionalistas pelas evidências sensíveis. (*Activité*, cap. V, p. 139.)

4. É uma ciência de «efeitos»

27. Eis, de resto, uma característica bem especial da ciência física moderna: ela vem a ser menos uma ciência de factos do que uma ciência de *efeitos*. Quando as nossas teorias permitiram prever a acção possível de um dado princípio, encarniçámo-nos em realizar esta acção. Estamos dispostos a dar o que for preciso, mas é necessário que o efeito se produza no interesse em que é racionalmente possível. Enquanto que o efeito Kehr é fácil de realizar, o efeito Zeemann exige meios mais poderosos. O efeito Stark reclama campos eléctricos muito intensos. Mas os meios são sempre encontrados quando o fim é definido racionalmente. Para um fenómeno previsto racionalmente, pouco importa de resto a ordem de aproximação da verificação. Não se trata tanto de grandeza, mas de existência. Frequentemente, a experiência comum é uma causa de desencorajamento, um obstáculo; é então a experiência aperfeiçoada que decide tudo, porque é ela que obriga o fenómeno a mostrar a sua estrutura delicada.

Há aí uma filosofia de um *empirismo activo* bem diferente de uma filosofia do empirismo imediato e passivo que toma a experiência de observação como juiz. A experiência já não pronuncia julgamentos sem apelo; ou, pelo menos, enquanto ela se recusar a sancionar a nossa expectativa, faremos apelo a uma experiência nova. A experiência já não é um ponto de partida, já não é sequer um simples guia, ela é um *fim*. (*Pluralisme*, p. 229.)

III
EPISTEMOLOGIA DA QUÍMICA

A. Os obstáculos ao «materialismo racional»

1. Retrospecções intempestivas

28. Nos livros de vulgarização é usual, quando se quer apresentar o problema moderno das transmutações dos elementos químicos, evocar os alquimistas. Relembra--se, com complacência, que gerações de pesquisadores obstinados tentaram transformar o chumbo em prata e em ouro e conclui-se por uma fórmula do estilo: «Os sábios contemporâneos realizaram o velho sonho dos alquimistas.»
Mas porquê referir-se a este pano de fundo legendário? Que impureza de pensamento! Como se pode ter tão pouca confiança no espírito de novidade do leitor? A arte e a literatura «realizam» sonhos; a ciência, não. O onirismo dos alquimistas é potente. Ao estudá-lo penetramos em camadas profundas do psiquismo humano e todo o psicólogo do inconsciente encontrará uma mina inesgotável de imagens na literatura alquímica([21]). Mas o *incons-*

([21]) Cf. C. G. Jung, *Psychologie und Alchemie*, Zurich, 1944.

ciente, numa cultura científica, deve ser psicanalisado de um lado ao outro. O pensamento científico repousa sobre um passado reformado. Está essencialmente em estado de revolução contínua. Vive actualmente de axiomas e de técnicas, ou seja, de pensamentos verificados e de experiências que deram, com extrema precisão, as suas provas de validade. A ciência, nestas condições, não tem nada a ganhar em que lhe propúnhamos falsas continuidades, quando se trata de francas dialécticas. Porque nada, absolutamente nada, legitima uma filiação das transmutações alquímicas em transmutações nucleares. Deixar supor uma tal filiação é confundir os valores, é faltar precisamente ao dever filosófico de instituir os valores propriamente científicos, estabelecendo estes valores na sua autonomia.

Para instituir os valores propriamente científicos é necessário colocar-se no próprio eixo dos *interesses* científicos. À falta de interesses propriamente científicos, o pensamento, relativamente aos resultados da ciência, arrisca-se aos piores desvios. De qualquer modo, a técnica das transmutações nucleares não se pode compreender sem pedir ao leitor um esforço do pensamento actual, sem vã história. É necessário que o leitor saiba pelo menos onde se situam os problemas para julgar sobre o valor das soluções.

É, de resto, fácil fazer ver a contradição filosófica dos «trabalhos alquímicos» e das pesquisas nucleares. O alquimista pretendia uma mudança de qualidades. Tentava, por exemplo, uma mudança de cores, confiando no carácter substancial da cor. Que pudesse amarelecer o chumbo, eis um primeiro sonho, eis um programa. Com uma semente cinzenta, com o germe do chumbo, que grande sonho o de fazer amadurecer a substância e obter, realizando as metáforas, colheitas de ouro! Mais profundamente ainda, se o trabalho alquímico podia *tornar pesado* o chumbo, se o chumbo pudesse tornar-se tão *pesado* como o ouro, a transmutação estaria bem perto de ter êxito!

Ora, na realidade, se nos guiássemos pelos pesos atómicos, a transformação do chumbo em ouro devia fazer-se ao contrário, tornando mais leve o peso atómico do chumbo. O novo programa devia ir, portanto, em direcção oposta ao antigo.

Mas como resolver um tal paradoxo fenomenológico, como fazê-lo compreender a um leitor moderno, se não tivermos previamente dividido a fenomenologia da matéria nos seus três níveis: nível das experiências – nível das experiências químicas – nível das experiências nucleares.

Por outro lado, uma vez a separação feita, podemos fazer compreender que a *densidade* corresponde a uma noção exclusivamente *física*, uma noção válida somente no primeiro nível. Sem dúvida, esta noção pôde servir para *designar* nitidamente substâncias químicas particulares. Mas, desde que se pense na concepção de uma química essencialmente intermaterialista, de uma ciência que estuda as relações ponderais entre as substâncias que se combinam entre elas para dar novas substâncias, a noção de densidade é relegada para o seu papel de *simples designação* preliminar; trabalhar sobre a densidade, como tentavam fazê-lo os alquimistas, era portanto trabalhar a um nível superficial da fenomenologia, longe dos factores activos da transmutação.

O factor activo não é sequer um factor químico. É o Z do núcleo. É o número de protões no núcleo do átomo. Se a transmutação «sonhada pelos alquimistas» se houver de fazer, será necessário transformar o Z = 82 do chumbo no Z = 79 do ouro. Eis aqui uma transformação eléctrica, ou melhor, uma transformação protónica. A técnica nuclear só pode conseguir esta transmutação se permitir subtrair a cada átomo de chumbo três protões. Se ela executar esta subtracção, tudo o resto é dado por acréscimo: as propriedades químicas, as propriedades físicas, até as boas velhas metáforas do grande peso e do brilho solar.

À falta de poder trabalhar a estas profundidades, para além mesmo da primeira profundidade química, ao próprio nível da profundidade protónica, toda a tentativa de transmutação material devia resultar vã. É portanto bem inútil colocar um falso problema na origem de um verdadeiro problema, absurdo mesmo fazer a aproximação entre alquimia e física nuclear. Muito pelo contrário, é preciso que o pensamento filosófico *acompanhe* a técnica para pôr o problema da sistemática das substâncias elementares ao nível em que aparecem as verdadeiras filiações.

Mas a perspectiva dirigida para os fundamentos objectivos do real carecerá de profundidade se pretender sistematicamente conseguir a clareza do conhecimento no primeiro contacto com esse conhecimento, sem seguir a tarefa de aprendizagem progressiva do pensamento científico. O filósofo fenomenológico declara, sem cessar, que é necessário voltar à própria coisa. A que coisa, a que objecto de ciência poderíamos agarrar-nos, quando a cultura científica realiza precisamente um afastamento dos primeiros objectos?

Quando se assinala aos filósofos este aprofundamento da fenomenologia, necessário para classificar os valores da experiência científica, quando o tomamos como pretexto para reconhecer uma *profundidade* na objectividade, e correlativamente na consciência uma hierarquia de racionalidade, eles respondem frequentemente através da velha imagem céptica dos véus de Isis, que eternamente desvelada guarda sempre os véus suficientes para esconder o seu mistério. Eles recusam esta admiração racionalista que nos faz descobrir cada vez mais racionalidade, quando se destroem as primeiras ilusões. Porque, enfim, a profundeza de objectividade, tal como a explora a ciência contemporânea, é, em cada descoberta, um prolongamento da racionalidade. O poder de explicação aumenta. Quanto mais profundamente for a experiência, tanto mais sistematicamente se organiza o saber.

Como se vê, uma técnica de materialidade em profundidade é acompanhada, como o dizíamos mais acima,

por um pensamento que toma consciência da sua racionalidade, o que é, em nosso parecer, uma renovação da tomada de consciência. A consciência da racionalidade de um saber é um novo ponto de partida para uma fenomenologia. Uma tal racionalização denuncia, por recorrência, a intencionalidade empírica da consciência primeira, denuncia o ocasionalismo essencial da consciência no seu despertar. A consciência de racionalidade liga o ser pensante a si mesmo através do próprio exercício do seu pensamento...
De qualquer modo, esta divisão dos níveis materiais, de que acabamos de fazer um esboço, põe fim a todas as concepções filosóficas vagas nas quais a matéria recebia caracterizações *gerais*, como, por exemplo, no muito curto capítulo que Émile Boutroux consagra à matéria no seu livro sobre *A contingência das leis da natureza*. É necessário agora tomar a ciência da matéria na sua pluralidade, tomar a matéria nas suas instâncias bem diferenciadas. O que era para o filósofo uma prova de contingência tornou-se um campo de racionalidades cada vez melhor ordenadas, cada vez mais hierarquizadas.
Esta frágil contingência pela qual o filósofo defendia o seu sistema das ciências elimina-se no exame preciso dos problemas científicos. Ao procurar na realidade provas de contingência, parece que o filósofo espera instruir-se diante do caos, diante dos fenómenos brutos, não esclarecidos. O filósofo perderia as suas ilusões de céptico se participasse não somente na obra de ordenamento dos seres da matéria, mas ainda nesta criação de seres novos, criação operada segundo planos racionais cada vez melhor elaborados. (*Matérialisme*, cap. III, pp. 103-105.)

2. Analogias imediatas

29. Não seria difícil mostrar que as características marcantes do objecto *físico* foram, na realidade, na origem da

ciência química, os primeiros obstáculos à definição do indivíduo químico. Basta apenas pensar no carácter de solidez ou de fluidez tão contingente do ponto de vista químico, tão essencial do ponto de vista físico. Este insucesso é bem visível quando se examina o ponto de partida das observações químicas nas obras do século XVIII. Haverá programa mais vasto e ao mesmo tempo mais directamente em contacto com a natureza do que os propostos pelos Lémery, pelos Rouelle, pelos Baumé! Assim Baumé proclama que fez com Macquer dezasseis cursos de química, cada um dos quais comportou mais de 2000 experiências, o que, juntamente com mais de 10 000 experiências pessoais de Baumé, ultrapassa portanto o número de 42 000 experiências. Sem dúvida, um químico moderno chega em certas dosagens, seguindo a evolução de certas reacções, a acumular trabalhos igualmente numerosos; mas trata-se sempre de experiências similares que podem ser agrupadas em espécies em suma muito pouco numerosas. Com Baumé, trata-se de experiências diversas e mesmo heteróclitas.

De resto, Baumé repete que a Natureza oferece um campo de estudos inesgotável. Mas este esboço não terá o mesmo sentido no século XVIII e no século XX. Com efeito, os estudos modernos têm pouco contacto com o facto natural e imediato. Partindo deste campo estreito, elas desenvolvem-se em profundidade. Todas as questões nelas contidas são *indirectas*. No século XVIII, a Natureza é, pelo contrário, tomada superficialmente. «Que o Químico (diz Baumé[22]) lance um olhar às mínimas produções que a Natureza estende diante dele, e sentir-se-á humilhado de ver esta série de experiências que se oferecem às suas investigações.»

Eis, portanto, o químico diante de uma diversidade que, à primeira vista, parece dever mais multiplicar-se do que reduzir-se. Vejamos agora como é que a analogia vai

---

[22] Baumé, *Chymie experimentais et raisonnée*, t. I, p. VII.

jogar neste domínio *imediato* e constatemos que ela não chega a organizar-se, a tornar-se realmente uma analogia química. Precisamente Baumé pretende que a Natureza oferece *por ela mesma* o plano de redução. Para ele, com efeito, a harmonia natural está indicada a traços largos nas trocas químicas da vegetação. «A vegetação é o primeiro instrumento que o Criador emprega para pôr a Natureza em acção» ([23]). A função dos vegetais «é combinar imediatamente os quatro elementos e servir de pasto aos animais.» Depois, virá a acção dos próprios animais, que «convertem em terra calcária a terra vitrificável elementar que a vegetação já alterou». A Natureza tem então à sua disposição os combustíveis e a matéria calcária; faz uso deles «de milhares de maneiras». Como vemos, seriam os reinos da Natureza que forneceriam os quadros dos estudos químicos. Ideia falsa entre todas e tão pobre de aplicações imediatas que o seu próprio promotor, depois de a ter desenvolvido complacentemente no longo prefácio do seu livro, não tarda a abandoná-la logo que passa aos trabalhos de laboratório. Mesmo em relação a um estudo mais profundo e mais preciso, a analogia de primeiro exame tem necessidade de ser rectificada. Tal é o caso das primeiras tentativas de classificação, fundamentadas nos fenómenos de combustão. Estas acções violentas definem-se por si mesmas aos olhos do observador. Nada nos prova, entretanto, que elas tenham necessariamente de valer como factores determinantes de uma analogia de conjunto. Na verdade, Baumé pensará por um instante em classificar os corpos pelo seu poder de combustão – poder bem difícil de apreciar durante o século XVIII – mas, longe de precisar este princípio, Baumé tentará aproximá-lo do motivo de analogia tirado mais uma vez da intuição dos reinos naturais. Julgará poder tomar a combustão como uma característica química própria para distinguir, por um lado, os minerais (incombustíveis) e,

---

([23]) Baumé, *loc. cit.*, t. I, p. 10.

por outro, os corpos de origem vegetal e animal (combustível). É sempre, portanto, a mesma tendência para explicar o fenómeno químico por um fenómeno de certo modo mais imediato, mais geral, mais natural. Esta tendência, como vemos, vai ao encontro das vias nas quais a química moderna encontrará o progresso. A experimentação química será fecunda quando investigar a *diferenciação* das substâncias, de preferência a uma vã generalização dos aspectos imediatos. (*Pluralisme*, cap. I, pp. 30-33.)

3. A categoria filosófica da matéria

30. Não é raro encontrar nos juízos de valor que o filósofo exprime sobre a noção de matéria o vestígio de uma verdadeira antinomia.

Numa primeira série de juízos de valor, considera-se, com efeito, a matéria como um princípio de generalidade essencial. Ela *é* uma entidade suficientemente geral para sustentar, sem as explicar, todas as formas individuais, todas as qualidades particulares. Não se lhe reconhece nenhuma força para manter a sua forma. E pode-se até *privá-la* das suas qualidades. São numerosos os textos aquímicos em que se refere esta pretensão de desqualificar a matéria para, em seguida, lhe atribuir uma qualidade escolhida. Esta técnica torna-se num movimento do pensamento filosófico muito comum, sem que o pensamento filosófico ponha bem em dia, nesta ocasião, o sentido das suas abstracções. Em tal maneira de ver, a matéria já não é retida a não ser sob o signo da quantidade. A matéria não é então mais do que a *quantidade*, quantidade imutável, quantidade que se conserva através de todas as transformações. E assim, sob o signo da quantidade, graças aos princípios de conservação, a noção de matéria é abandonada ao sábio pelo filósofo. Na verdade, grandes sectores do conhecimento desenvolvem-se de acordo com a limitação do reino da matéria. Considerando a matéria pela sua massa, pelo seu volume, pelo seu movimento, uma doutrina como a mecânica racional tem um valor de explicação insigne. Mas, mesmo quando o filósofo reconhece o sucesso de tais explicações científicas, continua muito perto de denunciar o quantitativismo como uma abstracção.

E eis então o outro pólo da antinomia: numa outra série de juízos de valor, considera-se a matéria como a própria raiz da individuação, conferem-se-lhe, em todos os seus elementos, muitas vezes na mais ínfima parte, qualidades singulares, qualidades, por essência, incomparáveis de uma matéria para outra. Sobre a matéria assim tomada como raiz de toda a individuação, funda-se um irracionalismo radical. E desafia-se o sábio a conhecer a matéria «no seu fundo» (cf. Boutroux, *Les lois naturelles*). Ao quantitativismo da matéria opõe-se então um *qualitativismo*. E o filósofo pretende que intuições matizadas podem por si só fazer-nos atingir a qualidade. Capta a qualidade na sua essência, da mesma forma que se prova um vinho fino. Vive os matizes. Vive «imediatamente» a qualidade como se a vida sensível supra-individualizasse ainda a individualidade da matéria oferecida à sensação.

Esta antinomia não resiste a um estudo atento e paciente do mundo da matéria. Um estudo científico dos fenómenos materiais – se este estudo trabalha os dois lados da antinomia – dá-nos, ao mesmo tempo, características gerais, contáveis, sobre o conhecimento racional, e características particulares susceptíveis de definições experimentais precisas. A química, quando a seguirmos nos seus grandes progressos, dar-nos-á na sequência muitas provas desta dupla determinação. Mas, desde já, no conhecimento comum, tomamos contacto, por um lado, com constâncias materialistas que ultrapassam a pobre generalidade com a qual se queria limitar o conhecimento da matéria e, por outro, encontramos, nas diversas matérias, propriedades muito bem especificadas que permitem um acordo particularmente claro entre os espíritos.

Com efeito, comparar directamente as matérias, fazer agir uma matéria sobre outra matéria, acompanhar a acção do fogo, da água, da luz sobre uma matéria, eis experiências imediatas que podem fundar um acordo preliminar dos espíritos no tocante ao mundo material, acordo tanto mais claro quanto mais claramente se entrava qualquer interpretação. Este acordo dos espíritos – mesmo que provisório – é já uma objecção ao irracionalismo profundo que colocamos sob o signo da realidade material insondável. Podemos certamente falar de uma *clareza materialista, capaz* de rivalizar com a *clareza geométrica*. Se o filósofo desenvolve o seu protocolo de dúvida referindo-se às características fluentes de uma matéria, à inconstância das qualidades materiais da cera, ele continua entretanto muito certo de poder retomar no dia seguinte a sua meditação a propósito da cera. O filósofo tem, de resto, a certeza de ser compreendido pelas outras pessoas quando fala da cera. Esta certeza não seria maior se ele falasse da forma das *células hexagonais* de um bolo de cera. Existem espécies materiais susceptíveis de serem tão claramente distintas entre si como o cone e a esfera no domínio das formas. A cera nunca será confundida com o alcatrão, como o hidromel nunca o será com a panaceia de Berkeley. (*Matérialisme*, cap. II, pp. 61-62.)

B. O «materialismo racional»

1. *Classificação dos elementos*

a) *Um «pluralismo coerente»*

31. Ao estudar-se o princípio das investigações que tiveram origem na organização das substâncias elementares de Mendéléeff, nota-se que pouco a pouco *a lei excede o jacto*, que a *ordem* das substâncias se impõe como uma racionalidade. Que melhor prova podemos ter do carácter racional de uma ciência das substâncias que chega a predizer, antes da descoberta efectiva, as propriedades de uma substância ainda desconhecida? O poder organizador do quadro de Mendéléeff é tal que o químico concebe a substância no seu aspecto formal antes de a compreender sob as espécies materiais. O género comanda a espécie. Em vão nos será objectado mais uma vez que essa é uma tendência muito particular e que a maior parte dos químicos, no seu labor quotidiano, se ocupam de substâncias actuais e reais. Não é menos verdade que uma meta química surgiu com o quadro de Mendéléeff e que a tendência ordenadora e racionalizante levou a êxitos cada vez mais numerosos, cada vez mais profundos.

Uma característica nova deve ser assinalada: é a preocupação de *completude* que acaba de se manifestar na doutrina das substâncias químicas. O realismo, colocando naturalmente o objecto antes do conhecimento, confia na ocasião, no dado sempre gratuito, sempre possível, nunca acabado. Pelo contrário, uma doutrina que se apoia numa sistematização interna provoca a ocasião, constrói o que não lhe é dado, completa e acaba heroicamente uma experiência desconexa. Por conseguinte, o *desconhecido é formulado*. Foi sob esta inspiração que a química orgânica trabalhou: conheceu, ela também, a cadeia antes dos elos, a série antes dos corpos, a ordem antes dos objectos. As substâncias foram então como que depositadas pelo ímpeto do método. São *concreções* de circunstâncias escolhidas na aplicação de uma lei geral. Um potente *a priori* conduz a experiência. O real não é mais que a realização. Parece até que um real só é instrutivo e certo se foi realizado e, sobretudo, se foi recolocado no seu lugar exacto, na sua categoria de criação progressiva.

Exercitamo-nos também a não pensar no real em mais nada senão naquilo que lá pusemos. Nada se deixa ao irracional. A química técnica chega a eliminar as aberrações. Quer construir uma substância normalizada, uma substância *sem acidentes*. Está tanto mais segura de ter encontrado *o mesmo* quanto é em função do seu método de produção que ela o determina. Se, como o diz tão justamente Roger. Caillois ([24]), o racionalismo se define por uma sistematização interna, por um ideal de economia na explicação, por uma interdição de recorrer a princípios exteriores ao sistema, temos de reconhecer que a doutrina das substâncias químicas é, na sua forma de conjunto, um racionalismo. Pouco importa que este racionalismo dirigente comande todo um exército de realistas. O princípio da investigação das substâncias está sob a dependência absoluta de uma ciência de princípios, de uma doutrina de formas metódicas, de um plano coordenado em que o desconhecido deixa um vazio tão claro que a forma do conhecimento já nele está prefigurada.

Mas, se conseguimos fazer partilhar ao leitor a nossa convicção da súbita supremacia dos valores de coerência radical na química moderna, se conseguimos dar-lhe a impressão de que as funções da filosofia Kantiana podem servir para designar certas tendências em acção no conhecimento das substâncias, a parte mais dura da nossa tarefa não está realizada e o que resta fazer é aparentemente bastante enganador, pois que nos será necessário mostrar que o Kantismo da substância, acabado de instalar na química contemporânea, se vai dialectizar. (*Philosophie du Non*, cap. III, pp. 58-59.)

b) *Dialéctica*

32. A dialéctica parece-nos desenvolver-se em duas direcções muito diferentes – em compreensão e em extensão – sob a substância e ao lado da substância – na unidade da substância e na pluralidade das substâncias.

Primeiramente, sob a substância, a filosofia química colocou esquemas e formas geométricas que, no seu primeiro aspecto, eram completamente hipotéticas, mas

---

([24]) Roger Caillois, *Le mythe et l'homme*, p. 24, nota.

que pela sua coordenação num vasto conjunto doutrinal se foram pouco a pouco valorizando racionalmente. Verdadeiras funções numenais apareceram então na química, em particular na química orgânica e na química dos complexos. Não é com justiça que, perante a noção de fórmula desenvolvida, se diz que uma tal fórmula é uma representação convencional; é antes uma *apresentação* que sugere experiências. Da experiência primeira à experiência instruída existe a passagem da *substância* a um *substituto*. A fórmula desenvolvida é um substituto racional que dá, para a experiência, uma contabilidade clara das possibilidades. Existem, portanto, experiências químicas que aparecem *a priori* como impossíveis porque são interditas pelas fórmulas desenvolvidas. Na ordem fenomenal, as qualidades substanciais não indicariam de maneira nenhuma semelhantes exclusões. *Vice-Versa*, há experiências que nunca se teria sonhado realizar se não se tivesse previsto *a priori* a sua possibilidade confiando nas fórmulas desenvolvidas. *Raciocina-se* acerca de uma substância química desde que dela tenhamos estabelecido uma fórmula desenvolvida. Vemos assim que a uma substância química fica a partir de então associado um verdadeiro número. Este número é complexo, reúne várias funções. Seria rejeitado por um kantismo clássico; mas, o não-kantismo, cujo papel é dialectizar as funções do kantismo, pode aceitá-lo.

Naturalmente, objectar-nos-ão que este número químico está bem longe da *coisa em si*, que está em estreita relação com o fenómeno, traduzindo frequentemente termo por termo, numa linguagem racional, características que poderíamos exprimir na linguagem experimental. Objectar-nos-ão, sobretudo, que nós tomamos presentemente os nossos exemplos numa química das substâncias complexas e que é a propósito da substância *simples* que é necessário apreciar o carácter filosófico da ideia de substância. Mas esta última objecção não é válida, porque o carácter numenal fez a sua aparição na doutrina das substâncias simples. Cada substância simples recebeu, com efeito, uma substrutura. E, facto característico, esta substrutura revelou-se de uma essência totalmente diferente da essência do fenómeno estudado, organização de corpúsculos eléctricos, a ciência contemporânea estabeleceu uma nova ruptura epistemológica. Ao explicar a natureza química de um elemento por uma espécie de não-química constitui-se para sustentar a química. E, não nos enganemos, não foi a fenomenologia eléctrica que se colocou sob a fenomenologia química. No átomo, as leis da fenomenologia eléctrica são, elas também, desviadas, dialectizadas. De modo que uma electricidade não-maxweliana oferece-se para constituir uma doutrina da substância química não-kantiana. Portanto, as descobertas modernas exprimem-se de forma assaz incorrecta, quando se diz numa frase predicativa: «A matéria é, na sua essência, eléctrica.» Esta forma realista desconhece a importância da física interna da substância. (*Philosophie du Non*, cap. III, pp. 59-60.)

c) *Constituição da sistemática*

33. Perante todos os obstáculos encontrados pelas tentativas de classificação, é necessário chegar à segunda metade do século XX para que o problema de uma sistemática dos elementos da matéria seja colocado numa perspectiva esclarecedora.

Se tivéssemos de marcar um pouco grosseiramente as revoluções de ideias pelas quais a ciência se renova, poderíamos falar, em primeiro lugar, da era analítica de Lavoisier, em seguida, da era sincrética de Mendéléeff. Os trabalhos de Mendéléeff, que tiveram durante a sua vida muito pouca ressonância, tomaram, cinquenta anos após a sua aparição, uma importância considerável, ao ponto de o quadro de Mendéléeff, sem dúvida várias vezes modificado, ser uma das páginas mais filosóficas da ciência.

O quadro, ao estabelecer como uma totalidade orgânica o conjunto outrora indeterminado dos corpos simples, funda verdadeiramente a *química sincrética*.

Ponhamos rapidamente em evidência a coerência da sistemática dos corpos simples realizada por Mendéléeff. Em lugar das classificações lineares que organizavam os elementos em família sem nunca organizar entre eles as famílias de elementos, o quadro de Mendéléeff põe em prática uma *ordem cruzada*, uma ordem com duas variáveis. Ao princípio, não se distinguiu muito nitidamente estas duas variáveis; só foram bem delineadas numa informação eléctrica muito avançada, que não podia aparecer nas primeiras formas do sistema. Mas as diferentes funções destas duas variáveis ordinais multiplicaram-se com os progressos da ciência e podemos dizer que, em cada década que passa, nos últimos três quartos de século, compreendemos melhor a significação da ordem cruzada que constitui o princípio do quadro de Mendéléeff.

A ideia directriz de Mendéléeff foi tomar para os corpos simples, como primeiro motivo de ordenação, o peso atómico e, como segundo motivo, a valência química. Ao escrever numa linha horizontal a sequência dos corpos simples seguindo a ordem crescente dos pesos atómicos, ele interrompia a primeira linha para colocar em colunas verticais os corpos simples da mesma valência. Acabada a segunda linha, uma outra recomeça seguindo o mesmo apelo para pôr, pouco a pouco, as valências em colunas. Nada de mais simplesmente totalizador do que esta classificação que põe em prática as duas noções de peso atómico e de valência química que dominam a química clássica. (*Matérialisme*, cap. III, pp. 91-92.)

d) *A noção de peso atómico*

34. Mas vejamos de mais perto a noção de *peso atómico*, que parece conter nas primeiras formas do quadro de

Mendéléeff um privilégio de ordenação. A noção de peso atómico, se isolarmos as fases da sua evolução, pode com efeito servir-nos de argumento para o polifilosofismo que defendemos na presente obra. No decorrer da curta história desta noção, que não tem, na verdade, mais de um século de existência, existem épocas em que não se hesita em afirmar o *realismo* da noção, outras épocas em que se marca uma vontade explícita de se limitar ao *positivismo da experiência*. Pretende-se então manejar símbolos, confiar num simbolismo organizador, mas proíbe-se ir mais longe. Recentemente no ensino – em atraso aqui como frequentemente em relação à ciência efectiva – insistia-se no carácter de *hipótese* da noção de átomo. Aconselhava-se então a dizer que o *peso atómico* não é um *peso*, pois que apenas designa as *relações* ponderais dos corpos que entram em composição. O peso atómico, se fosse verdadeiramente o peso *de um átomo*, deveria ser um número *absoluto*. Nas primeiras determinações e durante o séc. XIX, o peso atómico era um número *relativo*, um número que indica uma *relação* de peso. O verdadeiro nome da sistemática dos pesos atómicos na química do séc. XIX devia ter sido: quadro dos números proporcionais determinando a composição, em corpos simples, dos corpos compostos. Só depois dos trabalhos da escola atomística do séc. XX – em particular da escola de Jean Perrin – foi possível determinar o número absoluto de átomos contidos num peso determinado de substância e calcular o *peso absoluto* de um átomo de uma substância designada.

Assim, sobre esta noção de peso atómico, podemos seguir uma evolução de filosofia química, filosofia que acede lentamente ao *realismo preciso* graças à organização racional de uma experiência comparativa essencialmente complexa. Basta seguir esta evolução que conduz a um *realismo científico* para ver quão inertes são as teses de um *realismo imediato*, realismo imediato sempre pronto a alinhar todo o seu saber a partir de uma experiência particular. Através das suas técnicas múltiplas e das suas teorias cada vez mais racionais, a química contemporânea determina um verdadeiro «espectro filosófico», que apresenta os diversos matizes de uma filosofia primitivamente tão simples como o realismo. Enganar-nos-íamos, de resto, se bloqueássemos a filosofia num estado particular da ciência, ainda que fosse o estado presente. Persiste no espírito científico uma história viva. Esta história é bem visível, nitidamente activa, ao nível da noção particular de peso atómico. Como um facto indelével, como o facto de uma cultura activa, subsiste o facto histórico: *o peso atómico é um peso que se tornou absoluto*. Este *tornar-se* deve ainda ser induzido em toda a educação científica sã. E todo o químico guarda no seu espírito a marca desta transformação. Em muitos dos seus pensamentos, o químico utiliza ainda a noção de peso atómico sob o seu aspecto de número proporcional de combinação (noção muito positiva, pura tradução das relações ponderais encontradas nas análises e nas sínteses do laboratório de química). Mas o químico sabe que o físico levantou as hipóteses e que estamos neste momento no direito de traduzir na linguagem *realista* as diferentes relações ponderais expressas na linguagem *positivista*. A linguagem realista é mais forte. Confirma o químico no bem fundamentado das noções teóricas; permite ao químico prender-se mais aos esquemas atomísticos, sem abandonar a prudência que é da regra no laboratório.

Assim, ao peso atómico corresponde, de facto, um *conceito afectado por um devir epistemológico*, um conceito que conserva as ligações históricas. Um filósofo que marcasse com um único traço a filosofia de um tal conceito impedir-se-ia de seguir a actividade psicológica real do sábio. É através de tais simplificações filosóficas que se chega a essas filosofias univalentes, filosofias sempre tão cépticas perante teses adversas, como facilmente convencidas pelas teses dogmaticamente professadas. Em particular se nos afastarmos das teses gerais, se determinarmos os valores filosóficos ao nível de problemas particulares, não poderemos aceitar como um dilema a escolha que propõe Meyerson: realismo ou positivismo. O positivismo não se deixa tão facilmente excluir e o próprio realismo muda de carácter ao mudar de nível. Precisamente, sobre o problema que nos ocupa, a designação electrónica dos diferentes tipos de átomos vai deslocar e precisar o *realismo* da noção de elementos químicos. Houve efectivamente um tempo em que a sistemática fundada por Mendéléeff sobre uma fenomenologia puramente química foi *aprofundada* positivamente por uma organização, que já não corresponde ao aspecto propriamente químico. À noção de peso atómico sucede então – como variável organizadora do quadro de Mendéléeff – uma noção fenomenologicamente mais abstracta: a noção de número atómico. A princípio, o número atómico era um verdadeiro *número ordinal;* era, em suma, o número que fixava a classe das substâncias elementares na sequência das diversas linhas horizontais no quadro de Mendéléeff. Filosoficamente, o progresso alcançado ao nível da noção de número atómico consistiu precisamente na sua passagem de função *ordinal* a função *cardinal.* Pudemos aperceber-nos de que com esta noção não somente *ordenávamos* elementos mas que *contávamos* qualquer coisa. Com efeito, correlativamente à noção de família de elementos químicos, estabeleceu-se uma noção aproximada, mas realisticamente mais profunda: a noção de *estrutura electrónica* que dependia de uma contabilidade inteiramente cardinal de electrões.

Assim, desde o começo do séc. xx, a fenomenologia das substâncias elementares desdobrou-se e uma sistemática especificamente electrónica foi instituída como base da sistemática química de Mendéléeff. Em consequência deste facto, as doutrinas da matéria acolheram tipos de explicação inteiramente novos, fundados sobre um verdadeiro domínio de racionalidade provido de princípios autónomos: a mecânica quântica. Um novo objecto, o electrão, reclama com efeito princípios de organização específica, tais como, por exemplo, o princípio de exclusão de Pauli. (*Matérialisme*, cap. III, pp. 92-93.)

e) *Número atómico: uma das maiores conquistas teóricas do século*

35. É [...] (a) justificação das [perturbações originais do quadro de Mendéléeff que devia] encaminhar para um conceito espantosamente fecundo, cuja formação segue de resto um progresso tão contínuo que dificilmente se distingue o instante em que este conceito se impõe na ciência. Pretendemos falar da noção de *número atómico*. É a formação desta noção que vamos agora tentar descrever, porque é ela que constituirá o factor principal da harmonia material. Ela é, portanto, aos nossos olhos, uma das maiores conquistas técnicas do século. Devia, sem dúvida, parecer bem audacioso abandonar os pesos atómicos como base da classificação. Eles revelavam-se, com efeito, como parâmetros extremamente sensíveis, ultrapassando em todo o caso a precisão necessária à classificação das propriedades gerais. Por outro lado, no fim do séc. xix, os químicos atinham-se sistematicamente às características puramente fenomenológicas da ciência: uma vez que os fenómenos nos apareciam solidários, que importa a raiz sem dúvida para sempre escondida das suas ligações? A tarefa verdadeiramente positiva deve confinar-se à descrição das relações e para esta descrição não há mais do que as questões de franca comodidade, que possam fazer-nos preferir uma variável a outra. Razões suficientes para negligenciar qualquer discussão sobre a realidade fundamental de uma variável distinguida na base de uma descrição fenomenológica. De resto, se basta mudar de variável, como não adoptar uma variável que seja aparente no fenómeno, uma quantidade que possamos pôr em evidência e medir numa experiência?

É, no entanto, a uma variável, que devia parecer eminentemente factícia, que acabamos por dirigirmos, visto que escolhemos, como elemento determinante fundamental, o simples número de ordem, que fixava o lugar do elemento químico no quadro de Mendéléaff, como se a paginação de um livro pudesse esclarecer o todo! Mas o que é ainda mais espantoso é que esta variável, que era em princípio uma simples indicação que não tinha primitivamente nenhum sentido experimental, nenhum sentido quantitativo, tenha tomado pouco a pouco um valor explicativo mais longo e mais profundo. Tornou-se um valor teórico particularmente claro e sugestivo; encontrou-se-lhe um sentido aritmético muito simples. Actualmente, é esta variável solidária do conjunto dos corpos que dá verdadeiramente a medida da realidade química dos diversos elementos. (*Pluralisme*, cap. VIII, pp. 133-135.)

36. O que é, portanto, o número atómico que caracteriza um dado elemento químico? É o *número de electrões* contidos num dos seus átomos. Assim tudo se torna claro numa nova explicação electrónica da sistemática química: o princípio ordenador é o número atómico, não é o peso atómico. E se o sistema de Mendéléeff se pôde constituir foi em *razão* de um paralelismo (paralelismo aliás imperfeito) entre o crescimento do peso atómico e o crescimento do número atómico. O número atómico varia de 1 a 92, unidade por unidade, este número permite numerar as casas do quadro de Mendéléeff.

Se os filósofos meditassem nesta passagem do ordinal ao cardinal, estariam menos cépticos acerca dos progressos filosóficos do pensamento científico.

E eis agora a ligação do número atómico com as considerações de estrutura para os diferentes tipos de átomos. Os *períodos químicos* (*comprimento das linhas horizontais do quadro*) desenvolvem-se seguindo cada um o número progressivamente crescente dos electrões na camada externa dos diferentes átomos do período. Por

EPISTEMOLOGIA DA QUÍMICA | 103

outro lado, a designação das famílias químicas faz-se pelo número de electrões na camada externa. Quando a camada externa contém um electrão, o elemento é um elemento alcalino; quando a camada externa contém dois electrões, o elemento é um elemento alcalino-terroso... com sete elementos na camada externa, obtém-se a família dos halogéneos; com oito electrões, a família dos gases inertes. Assim, as famílias químicas, por mais difíceis que tenham sido de agrupar pela fenomenologia estritamente química auxiliada pelas considerações de valência que estavam ligadas às leis de Faraday sobre a electrólise, estão portanto claramente explicadas electricamente, ou, para falar de uma maneira mais exacta, as famílias químicas estão explicadas *electronicamente*.

Sendo assim, se tivermos em consideração a soma considerável de pontos de vista teóricos e de organizações técnicas que reclamam a noção de electrão, teremos de concordar que a sistemática química, desde que fundada sobre esta noção, recebe um carácter filosófico novo, o carácter exacto que colocámos sob o signo de um racionalismo aplicado. A organização electrónica, tomada como um novo domínio de racionalidade, esclarece, indirecta mas profundamente, o nosso saber empírico. O quadro de Mendéléeff, reorganizado ao nível dos conhecimentos actuais, acede a um verdadeiro racionalismo aritmético da matéria; ou seja, o quadro de Mendéléeff é um verdadeiro ábaco que nos ensina a aritmética das substâncias, que nos ajuda a aritmetizar a química.

E avaliemos bem esta diferença filosófica essencial: a matéria não é eléctrica *substancialmente*; é electrónica *aritmeticamente*. A ciência da matéria escapa através desta revolução epistemológica aos sonhos dos filósofos irracionalistas. Com efeito, tudo o que o irracionalista postulava como *substância* designa-se como *estrutura*. Em vão, na sua embriaguez do insondável, o filósofo irracionalista objecta ao sábio contemporâneo: «Não sabeis *no fundo* o que é a *substância* do electrão», em vão o filósofo irracionalista acredita poder reportar a ingenuidade das suas questões ao além substancialista do corpúsculo constituinte. Postulando uma espécie de transcendência da profundeza substancialista, o filósofo irracionalista não faz anais que tapar os ouvidos. O filósofo irracionalista quer sempre ver as coisas *à sua maneira*. Finge limitar-se às questões *primitivas*. Recusa-se à longa aprendizagem que permitiu ao sábio rectificar as perspectivas iniciais e abordar uma problemática precisa. Como poderia ele, portanto, pôr as questões que nascem precisamente de uma inversão das relações entre a substância e a qualidade?

Para compreender esta inversão é necessário dizer: as qualidades substanciais encontram-se *acima* da organização estrutural; não se encontram *abaixo*. As qualidades materiais são factos de composição, não factos numa substância íntima dos componentes. Tocamos um limite em que o realismo não se interioriza mais, em que precisamente o realismo se exterioriza. A revolução epistemológica da doutrina das qualidades materiais aparecerá de uma forma mais clara quando a tivermos, em seguida, estudado num capítulo especial.

Mas desde já temos de compreender que a dualidade da organização electrónica e da organização química comporta uma dialéctica que não pode entregar à sua imobilidade a doutrina das qualidades substanciais.

De qualquer maneira, sem nos aventurarmos ainda numa filosofia das qualidades materiais, podemos constatar uma diferença filosófica essencial entre os períodos do primitivo quadro de Mendéléeff, fundados sobre as qualidades químicas, e o período do quadro moderno, fundado sobre as estruturas electrónicas. Os períodos primitivos, tais como apareceram nas investigações empíricas, são factos sem explicação. Estão ainda ligados à periodicidade de qualidades frequentemente imprecisas, por vezes mal medidas, que tinham sido estudadas por Lothar Meyer. Mas, quando a valência química é explicada pelas organizações electrónicas, o empirismo de começo aparece como um *conhecimento em primeira posição*, conhecimento que constata, mas não explica. A teoria electrónica adquire então a função de uma ordem de razões que explicam os factos. Uma tal hierarquia nos factos e nas razões não deve ser apagada. Falar ainda do empirismo absoluto quando se atinge uma tal potência de dialéctica e de síntese é confundir os cambiantes, é recusar precisamente, na avaliação dos pensamentos científicos, os cambiantes filosóficos. Perdemos assim a espantosa instrução filosófica que acompanha os progressos modernos do conhecimento científico. (*Matérialisme*, cap. III, pp. 95-97.)

f) *A noção de valência*

37. A doutrina das valências químicas, mesmo quando apenas examina o período moderno, pode [...] desenvolver-se sob duas formas, conforme ela sistematize o aspecto propriamente químico ou encare as correlações electrónicas sob o fenómeno químico das valências. Mas, uma vez que o electrão no átomo e na molécula obedece aos princípios da mecânica quântica, voltamos a uma dialéctica fundamental. É uma reforma radical da compreensão dos fenómenos, que nos é exigida se quisermos comparar as explicações químicas clássicas e as explicações electrónicas.

Se pudéssemos viver verdadeiramente esta alternativa, levar a cabo estes dois desenvolvimentos paralelos de uma ciência, na verdade duplamente activa, receberíamos o estranho benefício de uma *dupla compreensão*. Tal seria a confirmação da verdade que encontraríamos nestas ideias duplamente verdadeiras, nestas ideias duplas, ou, para falar como Victor Hugo, nesta «ideia bifurcada fazendo-se eco dela própria»([25]). Como a nossa inteligência seria alertada pela alegria de compreender duas vezes, de

---
([25]) Victor Hugo, *William Shakespeare*, p. 221.

compreender sob dois pontos de vista inteiramente diferentes, de compreender *de outro modo*, fundando em nós próprios uma espécie de consciência de *alter ego*. Quando Hegel estudava o destino do sujeito racional na linha do saber, só dispunha de um racionalismo linear, de um racionalismo que se temporalizava na linha histórica da sua cultura realizando os momentos sucessivos de diversas dialécticas e sínteses. O racionalismo, já tão nitidamente multiplicado na filosofia matemática moderna pela multiplicidade das dialécticas de base, pela oposição das axiomáticas, recebe, nos domínios da física e da química contemporâneas, uma multiplicidade de linhas de cultura visando um mesmo objecto. Este racionalismo com vários registos, estes pensamentos com dupla história forçam--nos a deslastrar o espírito de uma demasiado longínqua história. Estas duplas filiações tendem a actualizar-nos na cultura racionalizada. (*Matérialisme*, cap. IV, p. 138.)

2. *O simbolismo químico*

38. Outrora, a pré-química considerava como sua principal tarefa estudar os «mistos» as *misturas* materiais. É curioso ver a ciência contemporânea estudar verdadeiras *teorias mistas*. É verdadeiramente nesta cooperação de princípios teóricos que se manifesta a intensa actividade dialéctica, que caracteriza a ciência contemporânea.

Este «misto de teorias» determina um curioso *misto de símbolos* que merece, cremos nós, chamar a atenção do filósofo. O trabalho do simbolismo de que queremos falar toca o traço de união que a química elementar tornou familiar ao colocá-lo em todas as fórmulas desenvolvidas para indicar as valências trocadas, como, por exemplo, na fórmula desenvolvida da molécula de água.

$$H - O - H$$

Em primeiro lugar, já que devemos distinguir daqui em diante a electrovalência e a covalência, é necessário que o simbolismo se divida. Para indicar as electrovalências servir-nos-emos dos sinais + e –, que recebem uma significação eléctrica, o anião terá o sinal + e o catião o sinal –. Assim, para explicitar o carácter heteropolar do ácido clorídrico, escrevemos H+ Cl-. Aniões contendo duas electrovalências terão não apenas um, mas dois sinais + em expoente. Estes aniões deverão, numa molécula de carácter heteropolar, estar associados a catiões com dois sinais – em expoente. Mas como representar a covalência? O traço de união que conserva um sentido oculto de força de ligação deve, ao que parece, ser afastado... A covalência é devida ao acasalamento de dois electrões. É, pois, muito natural representar uma união de covalências por dois pontos. Portanto, no lugar do traço horizontal, colocar-se-ão como símbolo, no caso da covalência, dois pontos colocados verticalmente. Em lugar do tradicional sinal químico (–), teremos então o sinal electrónico (:) e a fórmula da água desenvolvida electronicamente virá a ser:

$$H : \overset{..}{\underset{..}{O}} : H$$

porque, na molécula da água, as ligações são ligações covalentes.

É aqui que entra em acção uma dialéctica tão rápida e tão delicada que poderíamos avaliar mal o seu valor. Esta dialéctica articula, contudo, dois períodos diferentes da história da química [...] Esta dialéctica um pouco desconcertante como toda a grande dialéctica consiste em conservar *o traço de união conferindo-lhe a significação dos dois pontos electrónicos.*

Eis uma outra história desta mudança de *pontuação materialista.*Foi o grande químico R. Robinson quem propôs a reinstalação do traço de união dando-lhe uma significação electrónica([26]). Bernard Eistert apresenta o deslocamento da significação simbólica nestes termos([27]): «O traço não simboliza apenas uma relação abstracta de valência entre dois átomos, mas uma relação muito concreta, a saber, a participação comum de dois átomos a dois electrões. E podemos dar um passo ainda mais decisivo definindo, a partir da preposição de R. Robinson, o traço como o símbolo de dois electrões (pares de electrões ou doblete). Se reunirmos em pares os electrões livres e se representarmos cada par por um traço, obteremos então as fórmulas de Robinson. Por exemplo, a fórmula electrónica da molécula de água:

$$H : \overset{..}{\underset{..}{O}} : H$$

torna-se, na escrita de Robinson:

$$H - O - H$$
            $$|$$

Quando os dobletes de electrões estão livres, Eistert propõe uma modificação suplementar do simbolismo de Robinson, modificação que consiste em não pôr o traço correspondente ao doblete livre em *situação radical*, mas em pô-lo em *situação tangencial*, de certo modo tangente ao núcleo da molécula. Nestas condições, em lugar da fórmula da molécula da água de Robinson:

$$|$$
$$H - O - H$$
$$|$$

teremos a fórmula de Eistert:

([26]) Cf. Kermack e R. Robinson, *Journ. Chem. soc, London*, 121, 433, 1922.
([27]) Bernard Eistert, *Tautomérie et mésomérie*, trad., p. 8.

$$H - \overline{O} - H$$

A quadrivalência do carbono escrever-se-á no simbolismo de Eistert:

$$|\overline{C}|$$

Assim, uma longa história da química será resumida na seguinte série de fórmulas representando a molécula da água:

$$H_2O, H - O - H, H : \overset{..}{\underset{..}{O}} : H$$

$$\underset{|}{\overset{|}{H - O - H}}, H - \overline{O} - H$$

Para apreciar plenamente todo o valor epistemológico destas mudanças no simbolismo é necessário que o filósofo olhe para fórmulas mais complicadas do que as que correspondem a uma pequena molécula como a molécula de água. Como todos os valores construtivos, é ao nível das relações mais complicadas que podemos verdadeiramente apreciar todo o seu alcance. É um infortúnio para a filosofia das ciências ter de se apresentar através de casos simplificados, quando o pensamento científico se encontra activo nos casos mais complexos. Mas o filósofo devia ter confiança no sábio. O químico não complica estes símbolos para se divertir, mas porque sabe que deve torná-los adequados a uma ciência que se complica ao progredir. Aqui, na linha simples que indicámos, reside um facto: o novo simbolismo contém mais pensamento do que o antigo, contém não somente uma verdadeira história dos progressos, mas traz ainda sugestões à pesquisa experimental. O simbolismo rectificado, enriquecido, tem assim uma certa espessura filosófica, uma profundidade epistemológica. Um filósofo sorrirá, sem dúvida, ao ler que, seguindo a palavra de Robinson, «o traço adquiriu substância». O filósofo não se serve assim tão gratuitamente da noção de substância. E, no entanto, a expressão não surge irreflectidamente sob a caneta de um químico. Ela é retomada por Eistert, retomada por Dufraissé. E basta meditar na dialéctica que, a partir do traço *convencional*, passando por uma referência à *realidade* do doblete electrónico, volta ao traço *carregado de sentido* para compreender a justeza da designação substancialista indicada por Robinson.

Porque, afinal, se o filósofo quiser analisar as suas categorias, não será conveniente que as examine quando elas funcionam? E talvez por privilégio de exame, quando elas funcionam delicadamente, subtilmente? Poderá ele sentir-se satisfeito com um acto predicativo, afirmando uma substancialidade sempre incondicionada, enquanto se lhe oferecem tipos de substancialização, utilizações da categoria de substância inteiramente novas, que a reflexão filosófica nunca poderia encontrar? Em suma, não teria o filósofo vantagem em vir procurar no pensamento científico tão activo objectos precisos para as suas discussões, condicionamentos delicados susceptíveis de matizar a utilização das suas categorias? (*Matérialism*, cap. IV, pp. 132-135.)

3. *A «socialização» da química contemporânea*

a) *Homogeneidade*

39. Quando o materialismo abandona a falsa clareza de uma teoria dos quatro elementos, das quatro raízes simples da materialidade, entrega-se a investigações que dizem respeito a matérias terrestres, a corpos tangíveis;

ele é de novo colocado diante da extrema diversidade das matérias sólidas. É esta diversidade que importa reduzir e, se possível, ordenar. O primeiro passo é o de romper com o mito filosófico de uma espécie de *diversidade em si*. Para isso, é preciso considerar uma noção que nem sempre reteve suficientemente a atenção dos filósofos: a noção de *homogeneidade material*.

À primeira vista, poderia parecer que a noção de homogeneidade fosse como que uma espécie de *categoria* do materialismo. Ela é, sob muitos aspectos, uma pausa no progresso dos conhecimentos da matéria. Mas esta pausa é sempre provisória; é o ponto de partida de uma dialéctica materialista: o químico procura, em primeiro lugar, a substância homógenea, em seguida, volta a pôr em questão a homogeneidade, procurando detectar o outro no seio do mesmo, a heterogeneidade escondida no seio da homogeneidade evidente.

Assim, antes de chegar a um reportório das substâncias homogéneas, das espécies químicas, das matérias fundamentais, o químico tem necessidade de fazer numerosas observações e experiências. A realidade, muitas vezes, não oferece senão misturas grosseiras, diversidades materiais confusas. Uma «análise imediata», segundo a palavra empregada nos tratados de química, é portanto uma técnica preliminar indispensável. Mas esta técnica elementar tem, ela também, uma história. Cada época reconsidera, portanto, a doutrina das substâncias homogéneas. Poderíamos escrever toda a história da química relatando as exigências de homogeneização nos diferentes estádios do progresso da experiência. A substância homogénea é um ponto de partida possível para um estudo da matéria. Desde que uma matéria seja homogénea, parece que possui um sinal substancial. Subtrai-se, sob certos aspectos, à categoria da quantidade: 2 g de ouro e 5 g de ouro manifestam, da mesma maneira, a substância *ouro*. Uma substância pode considerar-se materialmente bem definida quando é homogénea. Uma tal substância é a ocasião para um conhecimento materialista *claro* e *distinto*. Tendo em consideração as substâncias homogéneas, é possível um cartesianismo materialista rigoroso. Uma espécie de *lógica materialista* fundada sobre a experiência química parece reger as matérias homogéneas como a lógica formal rege os termos bem definidos. O metal desafia a atenção discriminante. Dá ao químico uma consciência clara do *mesmo*. Uma substância química pode mudar de forma continuando a ser a *mesma*. Esta constatação, sem dúvida bem banal, adquire contudo uma tonalidade nova, se se pretender que seja aplicada pelo químico. Vê-lo--emos melhor ainda se nos lembrarmos – voltaremos a este assunto – dos tempos em que o alquimista imprimia uma vida nas substâncias, professava um futuro das substâncias mais homogéneas. No pensamento cientifico moderno, o *mesmo* está *imóvel*. Nós entramos com a química no reino das substâncias *nítidas*, no remo das substâncias que a técnica torna nítidas, dando-lhes uma total homogeneidade. (*Matérialisme*, cap. II, pp. 62-63.)

40. Mas eis um ponto acerca do qual teremos de insistir incessantemente: a fenomenologia das substâncias homogéneas, ainda que possa, ao que parece, encontrar exemplos nas substâncias naturais, é solidária de uma fenomenotécnica. É uma *fenomenologia dirigida*. Esqueceríamos uma característica importante se negligenciássemos o aspecto social da investigação materialista. No limiar do materialismo instruído é necessário que nos sejam designadas as substâncias materiais fundamentais. Podemos, sem dúvida, encontrar uma criança de génio que refaça, numa reflexão solitária, a geometria euclidiana com círculos e barras. Não é caso para pensar que possamos encontrar um materialista de génio que refaça a química, longe dos livros, com pedras e pós.

É estranho que até certos sábios desconheçam o dirigismo essencial da ciência moderna. Podemos ler, por exemplo, uma curiosa página na qual o sábio químico

Liebig pretende que: «se reuníssemos em bloco, sobre uma mesa, os 56 corpos simples, uma criança poderia dividi-los em duas grandes classes a partir das suas propriedades exteriores» (os metais e os metalóides) ([28]). Eis uma afirmação que não contém a mínima verosimilhança; nenhum espírito novo, entregue ao empirismo imediato, porá numa única categoria: o enxofre, o brómio, o iodo, o oxigénio. É impossível, sem um mestre, constituir a categoria dos metalóides. Raros são os sábios que tomam gosto em constituir as avenidas reais da sua cultura; vivem com demasiada intensidade a cultura presente para se interessarem pelo passado obscuro das noções. Um homem tão positivo como Liebig confere às suas certezas de professor um peso psicológico dominante. Eis uma prova de que os documentos psicológicos dos melhores sábios devem ser submetidos a crítica. A psicologia do espírito científico está por fazer.

Quando se segue, portanto, o progresso do materialismo instruído, vê-se que não podemos de modo nenhum confiar numa homogeneidade sensível, numa homogeneidade de um *dado*. A homogeneidade retida pela ciência passou pela instrução do intermaterialismo, foi obtida *indirectamente* pela aplicação de técnicas comprovadas, de técnicas incessantemente rectificadas. Caracteriza uma época científica. Fora dos métodos de homogeneização fundados cientificamente, a homogeneidade tem um valor duvidoso. Quando, por exemplo, na *Enciclopédia* (artigo: Plâtre) se define o gesso bem cozido por «uma certa untuosidade e uma gordura que cola aos dedos quando o manejamos», impede-se uma investigação mais objectiva. Esta «gordura» do gesso remete para um sartrismo *avante la lettre*, para uma filosofia existencialista orientada ao inverso da perspectiva do materialismo combinador,

---

([28]) Liebig, *Lettres sur la chimie*, trad., 1845, p. 34. O número 56 corresponde ao número dos elementos que eram conhecidos há um século.

do materialismo que procura as suas provas numa correlação explícita das substâncias, excluindo precisamente a relação com a sensação directa. Este gesso estará bem cozido? Peguemos antes de mais nada numa amostra e amassemo-la: determinemos a combinação gesso e água. E é esta experiência que dará lugar a um juízo objectivo. Todas as características retidas pela ciência das matérias devem ser pós-experimentadas. Todo o dado só é recebido provisoriamente. (*Matérialisme*, cap. II, pp. 65-66.)

b) *Simplicidade*

41. As primeiras substâncias que receberam o estatuto de *corpos simples* foram – com algumas excepções como o enxofre – os metais. Foi necessário o advento dos tempos modernos, sobretudo durante o séc. XVIII, para que a curta lista das substâncias reconhecidas como simples comece a aumentar. Os séculos XVIII e XIX são para a exploração materialista uma época prestigiosa. E mesmo do simples ponto de vista do empirismo o filósofo deveria avaliar aqui o que é um aumento dos tipos de *seres materiais*.

Mas, ao mesmo tempo que o número de tipos de substâncias encontradas na natureza aumenta, define-se uma nova *doutrina da simplicidade*. Na realidade, podemos falar de uma verdadeira substituição da ideia de simplicidade. Demonstremo-lo rapidamente.

Em primeiro lugar, mesmo quando ainda se faz referência ao séc. XVIII, já não se considera a ideia de que os quatro elementos são as substâncias *mais simples*. Em segundo lugar, já não se imagina que as substâncias encontradas na natureza sejam por essa mesma razão substâncias simples. A análise tornou-se a preocupação dominante de todo o químico. O químico começa a sua investigação multiplicando os esforços de *decomposição*. A simplicidade aparece então como um limite a todo o esforço de decomposição. A simplicidade é, portanto, aqui, da ordem de um *resultado*; era apresentada como *inicial* na doutrina dos quatro elementos; é agora *terminal*. A química apresenta-nos assim uma nova forma «do declínio dos absolutos», para empregar uma expressão de Georges Bouligand, tão rica em sentido, para caracterizar a evolução da epistemologia moderna. Com efeito, colocar o simples como limite à decomposição não prejulga o carácter absoluto deste limite e é somente no período contemporâneo que se estabelece uma espécie de coerência das substâncias simples, coerência que confere aos elementos um estatuto bem definido de substância elementar... Compreendamos a importância filosófica das descobertas como as de Cavendish, provando que a água não é um elemento, ou a descoberta paralela respeitante ao ar, de Lavoisier. Tais descobertas quebram o fio da história. Marcam uma *derrota total do imediato*. Fazem aparecer a profundidade do químico sob o físico – ou, por outras palavras, a heterogeneidade física. Existe aí uma dialéctica íntima que toda a cultura materialista deve atravessar para chegar ao materialismo instruído.

Reportemo-nos através do pensamento a este instante histórico surpreendente em que foi possível anunciar que a água é o resultado da síntese de dois gases! É não somente o privilégio do antigo elemento *água* que desaparece, mas ao mesmo tempo a positividade conquistada para a noção de gás. Antes de Cavendish, antes de Lavoisier, a noção de gás participa ainda da noção de fluido. O fluido, no pensamento pré-científico, carrega-se livremente dos mais confusos valores: é magnético. É vital, dá a vida, dá a morte. A experiência de Cavendish é decisiva, risca com um traço brutal todo o vitalismo do reino dos «espíritos». Os dois materialismos da substância tangível (a água) e da substância invisível (os gases) estão em total correlação. Existe uma enorme diferença entre este materialismo generalizador, que alarga o seu domínio seguindo experiências progressivas, e um materialismo de afirmação inicial, que acredita sempre que a matéria tangível dá as lições mais decisivas.

Seria necessário um livro volumoso para descrever todo o conjunto das experiências que determinaram o carácter elementar do oxigénio e do hidrogénio. Dez anos de psicologia do espírito científico viveram somente da história da descoberta do oxigénio. Que o oxigénio apenas esteja *misturado* com o azoto no ar enquanto está *combinado* com o hidrogénio na água, com os metais nos óxidos, eis matéria suficiente para levantar muitos problemas filosóficos. Hoje em dia, os livros apagam demasiado depressa a perspectiva destes dramas de cultura. Os livros escolares transformam imediatamente a lição sobre o oxigénio num modelo de empirismo simples: basta aquecer numa retorta certos óxidos, por exemplo, o óxido de manganésio, para obter o gás maravilhoso que reacende um fósforo não tendo mais «do que um ponto em ignição». Fala-se assim para empregar a expressão consagrada que resume com frequência, infelizmente!, tudo o que resta na «cultura geral» das propriedades do oxigénio[29]. Esta *simplicidade de ensino* oculta a fina estrutura epistemológica de uma experiência primitivamente empenhada numa problemática multiforme. É aqui que uma recorrência à situação histórica complexa é útil para fazer sentir como o pensamento materialista se enriquece.

Que o oxigénio tenha sido, durante algumas décadas, extraído dos minerais, do ar, da água, em suma, dos mais variados corpos para a experiência comum, tanto basta para explicar que se tenha promovido este corpo químico particular a um nível insigne. É verdadeiramente o advento de uma substância «científica». Foi, sem dúvida,

---

[29] Que reivindicação contra a vaidade do seu professor de química existe nesta pequena frase de Lautréamont: o oxigénio ateia «sem orgulho» um fósforo! O professor de química elementar recomeça com uma satisfação evidente esta proeza em todos os outubros da sua Carreira.

necessário, por consequência, retirar ao oxigénio o privilégio de designar a potência ácida. Mas ele foi durante muito tempo o sinal material da nova química. E os filósofos, os Schelling, os Hegel, os Franz von Baader, não hesitaram em fazer do oxigénio um verdadeiro momento de explicação geral. Por exemplo, Hegel põe em relação as quatro substâncias: azoto, oxigénio, hidrogénio e carbono como uma organização de conceitos que forma «a totalidade da noção»([30]). Ao reler tais páginas, ter-se-ão claros exemplos da adesão precipitada do idealismo a valores experimentais. O idealismo procura sem cessar razões para unificar a experiência, sem avaliar bem os poderes diversificantes da experiência... O idealismo é uma filosofia demasiado afastada do centro de acção do pensamento científico para poder apreciar o papel recíproco dos métodos de investigação e de experiência de verificação. Temos aqui uma prova precisa da impossibilidade de um idealismo da experiência científica. Nada se esclarece com a meditação de um caso único, onde uma única experiência revelaria todo o poder de conhecimento de um sujeito. É necessário aceitar todas as extensões positivas de todos os exemplos. De facto, a dialéctica da oxidação e da redução, que deu lugar a tantas reflexões filosóficas, é apenas uma reciprocidade material, tomada entre muitos outros processos recíprocos de síntese e de análise.

Com a descoberta do oxigénio, os filósofos foram vítimas, nesta como em muitas outras ocasiões, da novidade. Quiseram assimilar imediatamente uma descoberta espantosa apoiando-se – na melhor das hipóteses! – em racionalismos *a priori*, sem tomar o cuidado de estabelecer o *racionalismo científico* historicamente preparado por um progressivo ajustamento da teoria e da experiência. O idealismo tem a sua raiz no imediato. O espírito é, de certo modo, sempre imediato a si mesmo. Ora, não existe,

---

([30]) Hegel, *Filosofia da natureza*, § 328.

já não existe experiência científica imediata. Não seríamos capazes de abordar um pensamento novo em branco, com um espírito não preparado, sem levar a cabo por si mesmo a revolução científica que assinala o pensamento novo como um progresso do espírito humano, sem assumir o eu social da cultura. Será necessário fazer notar, em jeito de digressão, que o eu da cultura é a exacta antítese da cultura do eu? (*Matérialisme*, cap. II, pp. 73-76.)

c) *Pureza*

42. Considerava-se outrora em química como evidente a existência de corpos puros. Um corpo absolutamente puro não é, contudo, senão uma entidade. «Puro» já não é, para um químico moderno, um adjectivo que repugne classificar. Mas, dir-se-á, a pureza desempenha na matéria o papel de uma ideia platónica na qual o mundo participa. É um ideal do qual o químico se aproxima afastando as impurezas. Concedemos que ele nunca o atingirá. Preferimos dizer que um químico minucioso o atinge sempre. Com efeito, uma definição da pureza deve acompanhar-se de um critério de pureza([31]): «Um corpo puro é um corpo que só foi submetido a transformações hilotrópicas, pelo menos no interior do seu domínio de pureza.» Desde que todas as regras deste critério sejam correctamente aplicadas, o corpo deve ser declarado experimentalmente puro. São os métodos que determinam a pureza... É, portanto, tão vão como falso separar o critério de pureza dos instrumentos que o estudam. (*Essai*, cap. V, pp. 80-81.)

d) *Um exemplo tipo: o corpo dos reagentes*

43. De uma maneira geral, podemos dizer que não existe pureza sem purificação. E não há nada que possa

---

([31]) Boll, *Cours de chimie*, p. 9, nota.

provar melhor o carácter eminentemente social da ciência contemporânea do que as técnicas de purificação. Com efeito, os processos de purificação só se podem desenvolver pela utilização de todo um conjunto de reagentes cuja pureza recebeu uma espécie de garantia social. Um filosofo terá facilidade em denunciar aí um círculo vicioso: purificar uma substância através de uma sequência de reacções em que se introduzem reagentes garantidos como puros é evidentemente esquecer o problema inicial, o problema da pureza dos reagentes. Mas a ciência contemporânea pode, em boa consciência, negligenciar esta objecção prévia. Há aqui um estado de factos, um momento histórico bem definido. Cada época da ciência, no seu desenvolvimento moderno, estabeleceu uma espécie de corpo dos reagentes constituídos a um nível de purificação bem determinado. Existem idades sociais diversas para a pureza materialista. E a nossa idade define-se por um tal requinte de purificação que podemos dizer que a ciência contemporânea possui reagentes novos, utensílios novos, que nenhuma outra época precedente conheceu. A técnica materialista da química moderna proporciona-nos uma natureza *nova*. É essencialmente um segundo ponto de partida do materialismo.

Assim, estes *utensílios* de purificação que são os reagentes, eis doravante um contributo social absoluto; o químico isolado não seria capaz de ter a pretensão de substituí-lo por *utensílios pessoais*, todo um corpo de reagentes amassados numa preparação pessoal refazendo, por sua conta e risco, toda a história da química. A química moderna economiza a sua longa preparação histórica. É uma das ciências mais claramente vivas no seu *presente*. O químico entra no laboratório, onde encontra um *presente absoluto*, o presente absoluto, dados técnicos, dados que se oferecem no seu conjunto, na sua totalidade, por consequência muito diferentes dos dados naturais encontrados no essencial ocasionalismo do empirismo. O químico moderno parte deste materialismo de um presente absoluto, deste materialismo dos reagentes técnicos coordenados. Tem de inscrever o seu trabalho quotidiano no presente da ciência, num conjunto humano no qual ele se integra, já sob o ponto de vista teórico, através de uma cultura que é uma necessidade para a acção científica eficaz.

Mas todas estas teses pareceriam menos superficiais ao filósofo se ele quisesse tomar consciência do verdadeiro *aperfeiçoamento* necessário para a produção de uma substância pura na técnica contemporânea. Depressa compreenderia que uma tal purificação já não se satisfaz com uma actividade individual, que ela reclama um trabalho em cadeia, purificações em série, em suma, a fábrica-laboratório é uma realidade doravante fundamental.

A vista de um plano de acabamento à máquina para uma purificação seria, de resto, mais convincente do que todo o desenvolvimento filosófico. O leitor poderá, por exemplo, reportar-se ao esquema das operações que conduzem do berilo ao berilium puro em palhetas, a partir do método empregado na Degussa A.G. Este esquema é indicado por J. Besson num artigo que apareceu no *Bulletin de la Sociêtê Chimique de France* (ano de 1949); nós não reproduzimos este esquema: duas páginas do presente livro não seriam suficientes para tal. Veríamos aí dezenas de operações de purificações, por assim dizer cruzadas, purificações retomadas sob vários pontos de vista, determinadas por reagentes diferentes. Meditando em todos os circuitos destes processos químicos com a finalidade de produzir uma substância particular com todas as garantias de pureza, compreenderemos que um tal aperfeiçoamento só pode ser pensado no cume de uma cultura e realizado numa cidade que industrializasse a ciência de alto a baixo. (*Matérialisme*, cap. II, pp. 77-78.)

44. Assim, o corpo dos regentes é simultaneamente coerente e eficaz. Todos os reagentes são dados com uma garantia de pureza que permite o trabalho positivo. Não

seria conveniente, no entanto, atribuir uma validade incondicional ao conceito de *pureza em si*. Postular uma pureza em si seria voltar ao mito da *pureza natural*. De facto, uma vez que a ciência positiva solidariza a noção de pureza com a noção de operação de purificação, não podemos afastar o *relativismo* da pureza. Com efeito, segundo o processo de purificação empregado, podemos obter, para um mesmo produto, graus de pureza diferentes. Mas isso não quer dizer que possamos ordenar esses graus de pureza, porque a pureza considera-se muitas vezes ao nível de uma qualidade particular. Por vezes, uma propriedade particular que não integra profundamente o conjunto das propriedades químicas pode revelar-se de uma incrível sensibilidade à mínima impureza. Andrew Gemant, num capítulo do manual de Farkas: *Eléctrical properties of hydrocarbons* (p. 215), diz que um hidrocarbono líquido tem uma condutibilidade eléctrica que varia de 10-19 mho/cm, para uma amostra extremamente purificada, a 10-13, para uma amostra comercial, ou seja, uma variação de 1 para 1 milhão. Verifica-se a enorme acção da mínima impureza. Gemant acrescenta que as determinações de condutibilidade dão valores que diminuem indefinidamente com a procura de uma purificação cada vez mais aperfeiçoada, mas que, no entanto, *nenhum valor limite se tem em vista*.

Compreendamos bem que não poderemos ordenar purezas naturais visando uma pureza em si. Ainda mais, apesar de todos os esforços do materialismo decididamente artificialista, a linha das purificações nunca tem a certeza de visar uma purificação absoluta. Bastaria que um novo tipo de experiências fosse instituído para que o problema se pusesse de uma forma nova. A *pureza* de uma substância é, portanto, obra humana. Não poderia ser tomada por um dado natural. Conserva a relatividade essencial das obras humanas. O seu em si é condicionado por um longo passado de experiências levadas por diante nas vias de uma facticidade incessantemente acrescida.

De qualquer modo, o *factício* dá incomparavelmente mais garantias do que o *natural*. (*Matérialisme*, cap. II, pp. 78-79.)

4. *O conceito científico da matéria na química contemporânea*

45. O conceito de energia, se o tomarmos na sua acepção científica exacta, é uma aquisição essencialmente moderna. Para um físico, para um matemático, o conceito é agora tão nítido que podemos inseri-lo – que devemos inseri-lo – na categoria dos conceitos fundamentais, conferindo-lhe o seu total estatuto científico, quer dizer, separando-o de toda a relação com as noções comuns, pondo fim a todas as ressonâncias de uma palavra que se perde no vago e na multiplicidade das imagens, na facilidade das metáforas.

É certo que acerca deste conceito científico, doravante tão claro, poderíamos descrever uma confusa história; poderíamos, em particular, referir as últimas dificuldades da sua clarificação. Tocaríamos, por exemplo, um ponto sensível da evolução das ideias estudando a noção sob a sua forma mecânica, já muito racionalizada, nas relações da mecânica de Descartes com a mecânica de Leibniz([32]). Os debates sobre a noção de *força viva* foram numerosos, muito misturados. Haverá sempre interesse, num acto cultural, em reviver tais polémicas. Mas a nossa finalidade, neste capítulo, é a partir do espírito científico constituído. Uma demasiado longa história perturbaria a declaração de *primazia racional* que nos é necessário fazer para acompanhar o início da ciência energética moderna,

---

([32]) Os bons livros que estudam este período abundam. Ver, em particular: Ernst Mach, *La mécanique*, trad., 1925. René Dugas, *Histoire de la mécanique*, 1950. Os filósofos lerão com interesse a obra de Martial Gueroult, *Dynamique et métaphysique leibniziennes*.

para compreender a organização essencialmente energética da matéria.

Do ponto de vista filosófico, o materialismo energético esclarece-se estabelecendo um verdadeiro *existencialismo da energia*. No estilo ontológico, no qual o filósofo gosta de dizer: o ser *é*, deve dizer-se: a energia é. Ela *é* absolutamente. E, por uma conversão simples, podemos dizer duas vezes exactamente a mesma coisa: o ser é energia – e a energia é ser. A matéria é energia. No mesmo instante, o reino do *ter é* transformado. É virado de alto a baixo, não somente com proveito para o ser, mas também para a energia. A energia é a base de tudo; não existe mais nada *por trás* da energia.

Dizia-se outrora: a matéria *tem* uma energia; atribuía-se uma energia à matéria como se atrela um cavalo a uma charrua. Assim fazendo, limitava-se, por uma dialéctica rápida, a noção de matéria ao seu carácter de matéria *inerte*, de matéria para a qual não é necessário encarar uma energia *inerte*. Certamente, tinha-se razão em escolher esta limitação, em impor esta dialéctica em certos sectores da organização científica, num racionalismo regional como a mecânica em que é indiferente saber se o móbil do movimento é em ferro, em pedra ou em cobre. Mas este materialismo exteriorista, este materialismo da matéria resumida à sua inércia, da matéria que consideramos como desprovida de energia interna, já não é suficiente quando se aborda a ciência química contemporânea, quando se quer tomar conhecimento, não somente dos fenómenos químicos, mas da dinâmica própria dos fenómenos químicos que, ao trazer a verdadeira explicação da fenomenologia materialista, abre o caminho para realizações inteiramente novas.

Portanto, a raiz essencialmente energética dos fenómenos químicos impõe-se à investigação. Entramos numa zona da experiência na qual o fenomenismo estrito, aquele que professa desinteressar-se das causas profundas, só pode ser uma cláusula de estilo. Podemos ainda muito bem dizer que uma dada substância apresenta tal e tal fenómeno. Mas o fenómeno não é uma simples aparência que possamos limitar-nos a descrever; é a manifestação de uma energia; as reacções químicas são relações de energia. Se não conhecermos estas relações de energia, não poderemos explorar todas as possibilidades de acção que possuímos doravante para a criação de substâncias novas. Por conseguinte, um filósofo que reconheça a instância profunda que é a energia, um filósofo que siga o pensamento efectivo do químico contemporâneo, deverá convir que a energia desempenha doravante o papel de *a coisa em si*. Esta velha noção, da qual com tanta frequência denunciámos o carácter de monstruosa abstracção, ei-la concretizada. Pelo menos, podemos situar filosoficamente a energia como situávamos a coisa em si: é a base fundamental dos fenómenos. De qualquer maneira, se fazemos questão de deixar dormir no passado os velhos fantasmas da filosofia, será sempre necessário reconhecer que a energia é a realidade a estudar em *segunda posição*, sem dúvida depois de termos descrito os fenómenos resultantes das reacções químicas, mas com uma necessidade inelutável desde que se queira *compreender* os fenómenos a fundo, ao mesmo tempo nas suas causas profundas e nas suas razões fundamentais. O materialismo tem um fundo de energetismo. É através das leis da energia que podemos explicar os fenómenos da matéria. (*Matérialisme*, cap. VI, pp. 176-178.)

O SISTEMA PERIÓDICO DOS ELEMENTOS

	I	II	III	IV	V	VI	VII	VIII
1	1 H							2 He
2	3 Li	4 Gl	5 B	6 C	7 N	8 O	9 F	10 Ne
3	11 Na	12 Mg	13 Al	14 Si	15 P	16 S	17 Cl	18 Ar
4	19 K 29 Cu	20 ca 30 Zn	21 Sc 31 Ga	22 Ti 32 Ge	23 V 33 As	24 Cr 34 Se	25 Mn 35 Br	26 Fe 27 Co 28 Ni 36 Kr
5	37 Rb 47 Ag	38 Sr 48 Cd	39 Y 49 In	40 Zr 50 Sn	41 Nb 51 Sb	42 Mo 52 Te	43 Ms 53 I	44 Ru 45 Rh 46 Pd 54 X
6	55 cs 79 Au	56 Ba 80 Hg	57-71 terras raras 81 Tl	72 Hf 82 Pb	73 Ta 83 Bi	74 W 84 Po	75 Re 85	76 Os 77 Ir 78 Pt 86 Em
7	87	88 Ra	89 Ac	90 Th	91 Pa	92 U		

Quadro de Mendéléeff, tal como fig. em *Le plurisme cohérent de la chimie moderne*.

SECÇÃO II
AS CATEGORIAS PRINCIPAIS DA EPISTEMOLOGIA

I
O RACIONALISMO APLICADO

A. A noção de «racionalismo integral»

1. *Não é um racionalismo «de todos os tempos e de todos os países»*

46. Uma vez que se fragmentou o racionalismo para melhor o associar à matéria que informa, aos fenómenos que rege e à fenomenotécnica que fundou, somos levados a pôr o problema filosófico da relação de um racionalismo geral com os diversos racionalismos regionais. Existem duas maneiras de encarar esta relação.

Uma primeira maneira — que não é a nossa — define e, se necessário, redefine, um racionalismo *a priori*, válido para todas as experiências, alguns dizem que para toda e quaisquer experiência, e mesmo para toda a experiência presente e futura. Constitui-se, assim, um racionalismo *em recuo* «sobre a experiência, um racionalismo mínimo com o qual nos arrogamos o direito paradoxal de alcançar uma experiência de Universo. Quanto mais simples fossem os meios de informação, mais amplo seria o domínio informado.

A este ponto de vista adoptado pelo racionalismo fixista podemos fazer objecções que se apoiam no nosso sistema de explicação filosófica inicial e que vão permitir apresentar uma segunda maneira, que será a nossa, de resolver o problema evocado. Parece-nos, com efeito, que um racionalismo que tem uma tal pretensão de universalidade permanece muito perto das soluções solipsistas do idealismo. A partir do momento em que se visam conhecimentos *aplicados* ou, mais explicitamente, a partir do momento em que se visa a aplicação de esquemas lógicos, a identidade A=A passa a ser apenas a identidade de um ponto de vista, uma identidade assinada por um sujeito único e por um sujeito que está, de certo modo, retirado do conhecimento, sujeito que deixa de pôr em jogo o objecto do seu conhecimento, que se limita às características *formais* do conhecimento. Quando o sujeito do conhecimento é «formalizante», torna-se «formalizado». Não haveria igualdade A = A se não houvesse igualdade ao nível da instância igualadora Eu = Eu.

É pela simplicidade da igualdade lógica A = A – igualdade manifestamente grosseira na aplicação – que se chega ao postulado da igualdade Eu = Eu, arrogando--nos o direito de desprezar toda a psicologia do sujeito. Conseguimos assim, simultaneamente, expulsar todo o *psicologismo* e fundar logicamente o conhecimento objectivo. Mas este duplo sucesso é a própria ruína do interesse de conhecimento, é a impossibilidade de trabalhar a um tempo em prol da diferenciação da realidade e da diferenciação dos pensamentos.

Por que razão, aliás, se há-de procurar uma outra verdade quando se tem a verdade do *cogito*? Porquê conhecer imperfeitamente, indirectamente, quando se tem a possibilidade de um conhecimento primitivamente perfeito? Os princípios lógicos obtidos por redução do diverso, bem como o argumento lógico que assegura a verdade do *cogito*, eis um núcleo indestrutível cuja solidez é reconhecida por qualquer filósofo. Nós objectamos apenas que se trata de um núcleo sem cariocinese, um núcleo que não pode proliferar. Ou, mais simplesmente, um processo de *redução* nunca poderá produzir um programa suficiente para um estudo filosófico do conhecimento. Uma filosofia que se compraz num trabalho de redução torna-se fatalmente involutiva.

Deve-se ter em conta, não obstante, que o racionalismo, numa perspectiva razoavelmente imprecisa, aplica os seus princípios racionais à experiência comum. Dos confins do idealismo, o racionalismo passa de imediato ao realismo não recenseado, ao realismo que se *baseia* numa realidade não estudada. Finalmente, para o racionalismo fixista, os princípios da mais hospitaleira conservação, os princípios da razão. Este racionalismo fixista formula as condições de um *consenso* dos homens de todos os países e de todos os tempos perante toda e qualquer experiência. Isto equivale a estudar o movimento do espírito no ponto morto, resignando os factores de inércia que se opõem à mudança. (*Rationalisme*, cap. VII, pp. 131-132.)

2. É um racionalismo dialéctico

47. Mas é possível um outro racionalismo, que dominaria os racionalismos regionais, e a que chamaremos o racionalismo integral ou, mais exactamente, o racionalismo integrante.

Este racionalismo integral ou integrante deveria ser instituído *a posteriori*, depois de se terem estudado diversos tipos de racionalismos regionais, com a máxima organização possível, e contemporâneos da relacionação dos fenómenos que obedecem a tipos de experiência muito definidos. Seguindo esta via, somos levados a considerar *consensos* limitados à sociedade erudita dos *consensos* altamente especializados. Objectar-nos-ão, sem dúvida, que um domínio erudito não deixa de ser um domínio humano e que não modificamos o problema metafísico ao especializar as organizações racionais socializadas num domínio erudito. Tal objecção é especiosa. Designamos precisamente uma cidade de físicos ou uma cidade de matemáticos como formadas em torno de um pensamento provido de garantias apodícticas. Existem, doravante, núcleos de apodicticidade na ciência física ou na ciência química. Não reconhecer este novo cambiante é ignorar precisamente as emergências das ciências contemporâneas. A cultura é um acesso a uma emergência; no domínio científico, estas emergências estão de facto constituídas socialmente. Existe, no domínio mecanístico, um *cantão relativista*. Trata-se de uma eminente emergência cultural e só poderemos julgá-la se a ela aderirmos. Poder-se-ia fazer uma divertida antologia de disparates reunindo as opiniões dos filósofos ou escritores que «julgaram» a Relatividade. Demonstram uma competência semelhante à de um cego que discursa sobre as cores. Quem pertence ao cantão relativista vê imediatamente que semelhante tipo de opiniões nem sequer tem discussão. Em resumo, o *consenso* que define socialmente um racionalismo regional é mais do que um facto, é o sinal de uma *estrutura*.

O racionalismo integral deve ser, portanto, um racionalismo dialéctico que decide qual a estrutura em que o pensamento se deve integrar para informar uma experiência. Corresponde a uma espécie de administração central de uma fábrica que atingiu um certo grau de racionalização. Deixa, assim, de ter sentido a questão de definir um racionalismo geral que recolheria a parte comum dos racionalismos regionais. Nessa via, chegaríamos somente ao racionalismo mínimo utilizado na vida comum. Apagar-se-iam as estruturas.

Trata-se, pelo contrário, de multiplicar e afinar as estruturas, o que, do ponto de vista racionalista, deve exprimir-se como uma actividade de estruturação, como uma determinação da possibilidade de axiomáticas múltiplas para fazer face à multiplicação das experiências. Uma das características mais recentes da epistemologia contemporânea é o facto de as diferentes abordagens experimentais do real se revelarem solidárias de uma modificação axiomática das organizações teóricas. O racionalismo integral só poderá ser um domínio das diferentes axiomáticas de base. E designará o racionalismo como uma actividade de dialéctica, dado que as axiomáticas diversas se articulam entre si dialecticamente. Assim, quando tivermos realmente trabalhado em diferentes racionalismos regionais, quando tivermos compreendido o seu valor de diferenciação e experimentado psicologicamente a sensibilidade que trazem às variações principais, poder-se-á falar de uma axiomatização das técnicas, atribuindo uma axiomática particular a uma técnica particular. O movimento dialéctico, que começa com as dialécticas das axiomáticas, prossegue, portanto, pela formação de axiomáticas em física e, finalmente, pela formação de axiomáticas na técnica. A experiência não é, pois, bloqueada de forma alguma nas suas técnicas. O progresso das técnicas é muitas vezes determinado por uma revolução nas bases. Já uma vez insistimos nesta descontinuidade essencial. E dávamos o exemplo simples da *máquina de costura*, que atingiu a sua racionalização quando se pôs fim às tentativas de imitar o gesto da costureira, fundando a costura numa nova base. Mas é sobretudo nas técnicas não mecânicas que estas observações adquirem o seu pleno sentido, e bastará examinar, por exemplo, as técnicas radiofónicas para se verem em acção autênticas opções que lembram adesões a axiomáticas particulares.

Objectar-nos-ão, sem dúvida, que estamos a complicar as coisas e que os antigos conceitos da epistemologia são suficientes para compreender tudo, que as antigas palavras são perfeitamente suficientes para dizer tudo. Parece que a noção de *hipótese* chega para tudo. Mas, precisamente devido à sua *generalidade*, esta palavra prepara todas as incompreensões de que o espírito filosófico é vítima. A *hipótese científica é* um tema tradicional de dissertação de licenciatura. E, a partir de agora, é a este nível que se *fixa* a cultura filosófica no que concerne à metodologia científica. Em torno deste conceito grosseiro giram as noções usuais da psicologia da suposição. Pensa-se, naturalmente, com as palavras: para os filósofos, a *hipótese é hipotética*, logo, quase uma ilusão ou, pelo menos, uma simples ficção. Não se vê que se trata de um pensamento construído, um pensamento em parte realizado pela técnica. Com efeito, as hipóteses de base da radiografia inscrevem-se mesmo na aparelhagem.

Subestimam-se, além disso, os diferentes elementos de uma hipótese se não lhe for concedido o seu valor de postulado. Se examinarmos, por exemplo, o racionalismo regional que corresponde ao atomismo em microfísica, devemos considerar como um postulado a hipótese da sua *indiscernibilidade*. Sem dúvida, na química, parte-se do princípio de que os átomos de um mesmo elemento são *idênticos*. Julga-se poder conservar a possibilidade de discernir átomos idênticos pela sua situação no espaço. O espaço comum é, com efeito, um espaço de discernimento. Mas o mesmo não acontece no espaço da microfísica, espaço de certa forma celular devido ao axioma de Heisenberg. É assim que a hipótese atómica em química e a hipótese atómica em microfísica não possuem a mesma *estrutura nacional*. E uma estrutura nocional é precisamente a intermediária entre uma estrutura realista e uma estrutura simbólica, trata-se de uma função que é um elemento activo do racionalismo aplicado. Encontramo-nos perante uma diferenciação da hipótese atomística. Se seguirmos, nas suas variações, hipóteses aparentemente tão simples e tão primitivas, acabaremos por nos aperceber de que é necessário estudar os seus valores epistemológicos em toda a sua profundidade e não, à maneira da filosofia oficial, no arbitrário do idealismo.

Outras críticas se poderão fazer a este refinamento da epistemologia. Virão do lado dos físicos, que não têm necessidade de filosofar para trabalhar utilmente. Mas a nossa tarefa é restituir à ciência todos os seus interesses e, antes de mais, os seus interesses filosóficos. Se olharmos um pouco mais de perto, veremos que as funções filosóficas da ciência se multiplicam. Poucos pensamentos serão filosoficamente mais variados do que o pensamento científico. O papel da filosofia das ciências é recensear essa variedade e mostrar como os filósofos se poderiam instruir se quisessem meditar no pensamento científico contemporâneo. (*Rationalisme*, cap. VII, pp. 133-134.)

B. **Racionalismo aplicado e filosofia**

1. *Matemática e experimentação*

48. Se seguirmos com atenção, isto é, com um interesse apaixonado, a actividade da física contemporânea, veremos animar-se um diálogo filosófico que tem o mérito de uma precisão excepcional: o diálogo do experimentador provido de instrumentos precisos e do matemático que ambiciona informar estreitamente a experiência. Enquanto que, nas polémicas filosóficas, é frequente o realista e o racionalista não conseguirem falar de uma *mesma coisa*, no diálogo científico temos a nítida e reconfortante impressão de que os dois interlocutores falam do *mesmo problema*. Enquanto que, nos congressos de filosofia, vemos os filósofos trocar entre si *argumentos*, nos congressos de física vemos os experimentadores e os teóricos trocar *informações*. Não será necessário que o experimentador se informe sobre o aspecto teórico dos dados que o matemático considera fortemente coordenados, sem o que o experimentador pode ser vítima, nas suas interpretações, de pontos de vista pessoais? Não será preciso também que o teórico se informe sobre todas as circunstâncias da experimentação, sem o que as suas sínteses podem ficar parciais ou simplesmente abstractas? A física tem, assim, dois pólos filosóficos. É um verdadeiro *campo de pensamento* que se especifica em matemáticas e em experiências e que se anima ao máximo na conjunção das matemáticas e da experiência. A física determina, como uma síntese eminente, uma mentalidade *abstracta- -concreta*. (...) Tentaremos caracterizar esta mentalidade na sua dupla acção de abstracção e de concretização, sem que alguma vez se quebre o traço de união imposto pela linguagem, na falta de conhecimento de princípios mais unitários para *compreender a reciprocidade das dialécticas* que fluem interminavelmente, e nos dois sentidos, do espírito para as coisas.

O contacto *experiência* e *matemáticas* desenvolve-se numa solidariedade que se propaga. Quando é a experimentação que traz a primeira mensagem de um fenómeno novo, o teórico tenta a todo o custo modificar a teoria reinante para que ela possa assimilar o facto novo. Com esta modificação – obviamente tardia – o matemático mostra que a teoria, com um pouco mais de flexibilidade, *deveria ter previsto* a novidade. Gosta de exibir uma espécie de *fecundidade recorrente*, que é uma característica importante do racionalismo, porque essa fecundidade recorrente constitui o fundamento da *memória racional*. Esta memória da razão, memória das ideias coordenadas, obedece a leis psicológicas muito diferentes das da *memória empírica*. As ideias ordenadas, reordenadas e coordenadas no tempo lógico determinam uma autêntica emergência da memória. Naturalmente que ninguém troça deste retorno fora de tempo às fontes da previsão teórica, e o experimentador menos que qualquer outro. Pelo contrário, o experimentador felicita-se com a assimilação da sua descoberta pelos matemáticos. Sabe que um facto novo, ligado ao aspecto moderno da teoria reinante, recebe as garantias de uma objectividade profundamente vigiada, sendo a teoria reinante um sistema de exame experimental que actua nos cérebros mais brilhantes da época. Tem-se a impressão de que o problema está *bem visto*, só pelo facto de que *poderia ter sido previsto*. A pers-

O RACIONALISMO APLICADO | 137

pectiva teórica *coloca* o facto experimental no seu devido lugar. Se o facto é bem assimilado pela teoria, não há hesitação sobre qual o *lugar* que lhe deve ser atribuído num pensamento. Já não se trata de um facto heteróclito, de um facto bruto. Trata-se agora de um *facto de cultura*. Possui um *estatuto racionalista*. Passa a ser o tema de um diálogo entre o racionalista e o empirista. Quando é o teórico que anuncia a *possibilidade* de um novo fenómeno, o experimentador debruça-se sobre essa perspectiva, caso a sinta integrada na linha da ciência moderna. Foi assim que, nos começos da mecânica ondulatória do electrão, se procurou um fenómeno que equivalesse, para o electrão, ao fenómeno da polarização da luz. Mesmo quando uma pesquisa tão bem especificada permanece vã, tem, apesar disso, um carácter positivo para a epistemologia, dado que a ajuda a limitar e a precisar as analogias. A experiência assim associada a perspectivas teóricas nada tem de comum com a pesquisa ocasional, com as experiências «para ver» que não têm qualquer lugar em ciências solidamente constituídas como o são actualmente a física e a química, em ciências nas quais o instrumento é o intermediário necessário para estudar um fenómeno verdadeiramente instrumentado, designado como um objecto de uma fenomenotécnica. Nenhum físico gastaria «a sua credibilidade» em mandar construir um instrumento sem destinação teórica. Em física, a experiência «para ver» de Claude Bernard não tem sentido.

Que grande acordo tácito reina assim na *cidade física*! Como dela são afastados os sonhadores impenitentes que querem «teorizar» longe dos métodos matemáticos! O teórico deve estar na posse de todo *o passado matemático* da física – isto é, de toda a tradição racionalista da experiência. O experimentador, por seu turno, deve conhecer todo *o presente da técnica*. Causaria espanto que um físico se servisse, para fazer o vácuo, da antiga máquina pneumática, mesmo guarnecida da torneira de Babinet. Modernismo da realidade técnica e tradição racionalista de toda a teoria matemática, eis o duplo ideal de cultura que se deve afirmar em todos os temas do pensamento científico. A cooperação filosófica dos dois aspectos da ciência física – aspecto racional e aspecto técnico – pode resumir--se nesta dupla questão: Em que condições se pode *explicar a razão* de um fenómeno *preciso*? A palavra *preciso* é, aqui, essencial, porque é na precisão que a *razão* se empenha. Em que condições se podem fornecer provas *reais* da validade de uma organização matemática da experiência física? O tempo de uma epistemologia que considerava a matemática como um simples meio de expressão das leis físicas já passou. As matemáticas da física são agora mais «comprometidas». Não é possível fundamentar as ciências físicas sem entrar no diálogo filosófico do racionalista e do experimentador, sem responder às duas questões de certa forma recíprocas que acabamos de colocar. Por outras palavras, o físico moderno tem necessidade de uma dupla certeza:

1.º – A certeza de que o real tem uma insistência directa sobre a racionalidade, merecendo por isso mesmo o nome de *real científico*.
2.º – A certeza de que os argumentos racionais relativos à experiência são já momentos dessa experiência.

Em resumo, nem racionalidade vazia, nem empirismo desconexo, eis as duas obrigações filosóficas que fundamentam a estreita e precisa síntese da teoria e da experiência na física contemporânea.
Esta dupla *certeza* é essencial. Se um dos termos faltar, por melhor que se façam experiências, por melhor que se façam matemáticas, não se participará na actividade científica da ciência física contemporânea. Esta dupla cer-

teza só pode exprimir-se mediante uma filosofia de dois movimentos, através de um diálogo. Mas este diálogo é tão errado que dificilmente nele se pode reconhecer a marca do velho dualismo dos filósofos. Não se trata já de confrontar um espírito solitário e um universo indiferente. É necessário, doravante, colocarmo-nos no centro onde o espírito cognoscente é determinado pelo objecto preciso do seu conhecimento e onde, em troca, ele determina com maior precisão a sua experiência. É exactamente nesta posição *central* que a dialéctica da *razão e* da técnica encontra a sua eficácia. Tentaremos instalar-nos nesta posição central onde se manifestam a um tempo *um racionalismo aplicado* e *um materialismo instruído*. Teremos, aliás, oportunidade de insistir no poder de aplicação de todo o racionalismo científico, isto é, de todo o racionalismo que leve as suas provas de fecundidade até à organização do pensamento técnico. É pelas aplicações que o racionalismo conquista os seus valores objectivos. Consequentemente, para julgar o pensamento científico, não se trata já de nos apoiarmos num racionalismo formal, abstracto, universal. É necessário alcançar um racionalismo concreto, solidário de experiências sempre particulares e precisas. É igualmente necessário que este racionalismo seja suficientemente *aberto* para receber da experiência determinações novas. Ao viver um pouco mais de perto esta dialéctica, convencemo-nos da realidade eminente dos *campos de pensamento*. Nestes campos epistemológicos permutam-se os valores do racionalismo e do experimentalismo. (*Rationalisme,* cap. I, pp. 2-4.)

2. *O espectro filosófico*

49. Na realidade, esta contradança de duas filosofias contrárias em acção no pensamento científico leva ao empenhamento de muitas outras filosofias, e teremos de apresentar diálogos indubitavelmente menos complexos, mas que alargam a psicologia do espírito científico. Por exemplo, não examinar o modo como se situam o *positivismo* ou o *formalismo*, ambos indubitavelmente com funções na física e na química contemporâneas, seria mutilar a filosofia da ciência. Mas uma das razões que nos fazem crer que a nossa posição central está bem fundamentada é o facto de todas as filosofias do conhecimento científico se ordenarem a partir do *racionalismo aplicado*. É quase desnecessário comentar o quadro seguinte quando o aplicamos ao conhecimento científico. Assinalemos apenas as duas perspectivas de pensamentos *debilitados* que levam, por um lado, do racionalismo ao idealismo ingénuo e, por outro, do materialismo técnico ao realismo ingénuo.

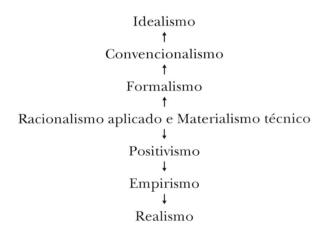

Idealismo
↑
Convencionalismo
↑
Formalismo
↑
Racionalismo aplicado e Materialismo técnico
↓
Positivismo
↓
Empirismo
↓
Realismo

Assim, quando interpretamos sistematicamente o conhecimento racional como a constituição de certas *formas*, como um simples instrumental de *fórmulas* próprias para *informar* toda e qualquer experiência, instituímos um *formalismo*. Este formalismo pode, em rigor, utilizar os *resultados* do pensamento racional, mas não pode produzir todo o trabalho do pensamento racional. Aliás, nem sempre nos atemos a um formalismo. Ensaiou-se uma filosofia do conhecimento que enfraquece o papel da experiência. Quase que se vê na ciência teórica um conjunto de *convenções*, uma sequência de pensamentos mais ou menos *cómodos* organizados segundo a linguagem clara da matemática, a qual não é mais do que o *esperanto* da razão. A comodidade das convenções não lhes retira o seu carácter arbitrário. Essas fórmulas, essas convenções, esse arbitrário acabam naturalmente por ser submetidos a uma actividade do sujeito pensante. Chegamos assim a um idealismo. Este idealismo não se reconhece já na epistemologia contemporânea, mas desempenhou um tal papel nas filosofias da natureza, no decurso do séc. XIX, que deve figurar ainda num exame geral das filosofias da ciência.

É necessário, aliás, sublinhar a impotência do idealismo para reconstituir um racionalismo de tipo moderno, um racionalismo activo susceptível de informar os conhecimentos das novas regiões da experiência. Por outras palavras, não é possível inverter a perspectiva que acabamos de descrever. Com efeito, quando o idealista estabelece uma filosofia da natureza, contenta-se com ordenar as *imagens* que constrói sobre a natureza, entregando-se ao que essas imagens têm de imediato. Não ultrapassa os limites de um sensualismo etéreo. Não se compromete numa experiência continuada. Espantar-se-ia se lhe pedíssemos que seguisse as pesquisas da ciência na experimentação essencialmente instrumental. Não se julga forçado a aceitar as *convenções* dos outros espíritos. Não se submete à lenta disciplina que *formaria* o seu espírito. Nas lições da experiência objectiva. O idealismo perde assim toda a possibilidade de explicar o pensamento científico moderno. O pensamento científico não pode encontrar as suas formas sólidas e múltiplas nessa atmosfera de solidão, nesse solipsismo que é o mal congénito de todo o idealismo. O pensamento científico necessita de uma realidade social, o assentimento de uma cidade física e matemática. Devemos, pois, instalar-nos na posição central do *racionalismo aplicado*, esforçando-nos por criar uma filosofia específica para o pensamento científico.

Na outra perspectiva do nosso quadro, em vez desta evanescência que conduz ao idealismo, vamos encontrar uma inércia progressiva do pensamento que conduz ao realismo, a «ma concepção da realidade como sinónimo da irracionalidade.

Ao passar do racionalismo da experiência da física, fortemente solidária da teoria, ao *positivismo*, parece que se perdem automaticamente todos os princípios da *necessidade*. Daí que o positivismo puro não possa de modo nenhum justificar o poder de dedução que actua no desenvolvimento das teorias modernas; não pode aperceber-se dos *valores de coerência* da física contemporânea. E, no entanto, em comparação com o empirismo puro, o positivismo surge, pelo menos, como o guardião da hierarquia das leis. Arroga-se o direito de afastar as aproximações subtis, os pormenores, as variedades. Mas esta hierarquia das leis não possui o valor de organização das necessidades claramente compreendidas pelo racionalismo. De resto, ao basear-se em juízos de utilidade, o positivismo tende a degenerar *em* pragmatismo, para essa poeira de receitas que é o *empirismo*. O positivismo nada tem do que é necessário para decidir sobre as ordens de abordagens, para sentir a estranha sensibilidade de racionalidade proporcionada pelas abordagens de segunda ordem, os conhecimentos mais precisos, mais discutidos, mais coerentes, que encontramos no exame atento das experiências delicadas e que nos fazem compreender que existe mais racionalidade no complexo do que no simples.

Aliás, um passo mais além do empirismo, que se absorve na narrativa dos seus êxitos, e eis-nos perante esse amontoado de factos e de coisas que, estorvando o *realismo*, lhe dá a ilusão da riqueza. Mostraremos em seguida até que ponto é contrário a todo o espírito científico o postulado, tão facilmente admitido por certos filósofos, que assimila a realidade a um pólo de irracionalidade. Quando tivermos reconduzido a actividade filosófica do pensamento científico ao seu centro activo, tornar-se-á claro que o materialismo activo tem precisamente por função jugular tudo o que poderia ser qualificado de irracional nas suas matérias e nos seus objectos. A química, imbuída dos seus *a priori* racionais, oferece-nos *substâncias sem acidentes*, desembaraça todas as matérias da irracionalidade das origens. (*Rationalisme*, cap. I, pp. 6-7.)

C. Conceitos fundamentais do racionalismo aplicado

1. *Uma epistemologia histórica*

50. Se pusermos agora o problema da novidade científica no plano genuinamente psicológico, torna-se evidente que o comportamento revolucionário da ciência contemporânea deve reagir profundamente sobre a estrutura do espírito. O espírito tem uma estrutura variável, a partir do momento em que o conhecimento tem uma história. Com efeito, a história humana, nas suas paixões, nos seus preconceitos, em tudo o que depende das impulsões imediatas, pode bem ser um eterno recomeço; mas há pensamentos que não recomeçam: são os pensamentos que foram rectificados, alargados, completados. Não retornam à sua área restrita ou vacilante. Ora, o espírito científico é essencialmente uma rectificação do saber, um alargamento dos quadros do conhecimento. Julga o seu passado histórico, condenando-o. A sua estrutura é a consciência dos seus erros históricos. Cientificamente, considera-se o verdadeiro como rectificação histórica de um longo erro, considera-se a experiência como rectificação de uma ilusão comum e inicial. Toda a vida intelectual da ciência se joga dialecticamente nesta diferencial do conhecimento, na fronteira do desconhecido. A própria essência da reflexão é compreender que não se tinha compreendido. Os pensamentos não-baconianos, não--euclidianos, não-cartesianos estão compendiados mestas

dialécticas históricas apresentadas pela rectificação de um erro, pela extensão de um sistema, pelo complemento de um pensamento. (*Nouvel Esprit*, cap. VI, pp. 173-174.)

51. Em suma, a ciência instrui a *razão*. A razão tem de obedecer à ciência, à ciência mais evoluída, à ciência que está em evolução. A razão não tem o direito de sobrestimar uma experiência imediata; deve, pelo contrário, harmonizar-se com a experiência mais ricamente estruturada. O *imediato* deve, em todas as circunstâncias, ceder o passo ao *construído*. Destouches repete com frequência: se a aritmética, em desenvolvimentos longínquos, se revelasse contraditória, teria de se reformar a *razão para* eliminar a contradição, e conservar-se-ia intacta a aritmética. A aritmética deu tantas provas de eficiência, de exactidão, de coerência, que é impensável abandonar a sua organização. Perante uma contradição súbita ou, mais exactamente, perante a necessidade súbita de um uso contraditório da aritmética, colocar-se-ia o problema de uma não-aritmética, de uma pan-aritmética, isto é, de um prolongamento dialéctico das intuições do número que permitisse englobar a doutrina clássica e a doutrina nova.

Não hesitamos em levar ao extremo a nossa tese para a tornar bem nítida. Esta extensão da aritmética não está ainda feita. Ao supô-la como possível, queremos apenas afirmar que a aritmética não é, tal como a geometria, uma promoção natural de uma razão imutável. A aritmética não se baseia na razão. É a doutrina da razão que se baseia na aritmética elementar. Antes de saber contar, desconhecia-se praticamente o que era a razão. O espírito, de uma maneira geral, tem de se submeter às condições do saber. Tem de se mobilizar em torno de articulações que correspondem às dialécticas do saber. O que seria uma função sem oportunidades de funcionar? O que seria uma razão sem oportunidades de raciocinar? A pedagogia da razão deve, pois, aproveitar todas as oportunidades de racciocinar. Deve procurar a variedade dos raciocínios ou, melhor dizendo, as variações do raciocínio. Ora, as variações do raciocínio são actualmente numerosas nas ciências geométricas e físicas; e são todas solidárias de uma dialéctica dos princípios da *razão*, de uma actividade da filosofia do não. A razão, uma vez mais, tem de obedecer à ciência. A geometria, a física, a aritmética são ciências; a doutrina tradicional de uma razão absoluta e imutável não passa de uma filosofia. É uma filosofia ultrapassada. (*Philosophie*, cap. VI, pp. 144-145.)

52. Como é possível, então, não ver que uma filosofia que pretende ser verdadeiramente adequada ao pensamento científico, em evolução constante, deve considerar a reacção dos conhecimentos científicos sobre a estrutura espiritual? E é por isso que nos defrontamos, desde o início das nossas reflexões sobre o papel de uma filosofia das ciências, com um problema que nos parece mal equacionado quer pelos sábios quer pelos filósofos. É o problema da estrutura e da evolução do espírito. Aqui, uma vez mais, a mesma oposição: o sábio crê partir de um espírito sem estrutura, sem conhecimentos; o filósofo baseia-se, a maior parte das vezes, num espírito constituído, provido de todas as categorias indispensáveis para compreender o real.

Para o sábio, o conhecimento emerge da ignorância, tal como a luz emerge das trevas. O sábio não vê que a ignorância é uma teia de erros positivos, tenazes, solidários. Ele não se apercebe de que as trevas do espírito têm uma estrutura e que, nessas condições, toda a experiência objectiva correcta deve sempre determinar a correcção de um erro subjectivo. Mas não é muito fácil destruir os erros um a um. Eles estão coordenados. O espírito científico só pode constituir-se destruindo o espírito não científico. O cientista adere muitas vezes a uma pedagogia fraccionada, quando, na verdade, o espírito científico deveria visar uma reforma subjectiva total. Todo o progresso autêntico no pensamento científico necessita de uma conversão. Os progressos do pensamento científico contemporâneo determinaram transformações nos próprios princípios do conhecimento. Para o filósofo que, por profissão, descobre em si verdades primeiras, o objecto, considerado em bloco, confirma facilmente princípios gerais. Por isso, as perturbações, as flutuações, as variações preocupam pouco o filósofo. Ou as despreza como pormenores inúteis, ou as colige para se convencer da irracionalidade fundamental do dado. Em ambos os casos, o filósofo está pronto a desenvolver, a propósito da ciência, uma filosofia clara, rápida, fácil, mas que continua a ser uma filosofia de filósofo. Basta, então, uma única verdade para sair da dúvida, da ignorância, do irracionalismo; é suficiente para iluminar uma alma. A sua evidência reflecte-se em reflexos sem fim. Esta evidência é uma luz única: não tem espécies, não tem variedades. O espírito vive uma única evidência. Não tenta criar outras evidências. A identidade do espírito no *eu penso* é de tal maneira clara que a ciência dessa consciência clara é imediatamente a consciência de uma ciência, a certeza de fundar uma filosofia do saber. A consciência da identidade do espírito nos seus diversos conhecimentos constitui, em si, a garantia de um método permanente, fundamental, definitivo. Perante um tal sucesso, como apontar a necessidade de modificar o espírito e de ir em busca de conhecimentos novos? Para o filósofo, as metodologias, por muito diversas e móveis que sejam nas diferentes ciências, baseiam-se, apesar disso, num método inicial, num método geral que deve informar todo o saber, que deve tratar da mesma maneira todos os objectos. Assim, uma tese como a nossa, que considera o conhecimento como uma evolução do espírito, que aceita variações respeitantes à unidade e à perenidade do *eu penso*, perturbam necessariamente o filósofo.

E, não obstante, é a uma tal conclusão que teremos de chegar se quisermos definir a filosofia do conhecimento científico como uma *filosofia aberta*, como a consciência de um espírito que se constrói no trabalho sobre o desconhecido, buscando no real aquilo que contradiz conhecimentos anteriores. É necessário, antes de mais, tomar consciência do facto de que a experiência nova diz *não* à experiência antiga, sem o que, obviamente, não se trataria de uma experiência nova. Mas, este não, nunca é definitivo para um espírito que sabe dialectizar os seus princípios, constituir em si mesmo novas espécies de evidência, enriquecer o seu corpo de explicação sem conceder nenhum privilégio àquilo que seria um corpo de explicação natural capaz de tudo explicar. (*Philosophie* Avant-Propos, pp. 8-10.)

2. *A noção de objectividade*

a) *Objecto científico e objecto imediato*

53. Na nossa opinião, é preciso aceitar o postulado seguinte para a epistemologia: o objecto não pode ser designado como um «objectivo» imediato; por outras palavras, um movimento para o objecto não é inicialmente objectivo. É necessário aceitar, pois, uma verdadeira ruptura entre o conhecimento sensível e o conhecimento científico. Cremos, com efeito, ter demonstrado, no decurso das nossas críticas, que as tendências normais do conhecimento sensível, intensamente animadas de pragmatismo e de realismo imediatos, determinavam apenas uma falsa partida, uma falsa direcção. Em particular, a adesão imediata a um objecto concreto, apreendido como um bem, utilizado como um valor, compromete demasiado intensamente o ser sensível; é a *satisfação íntima;* não é a *evidência racional*. Como Baldwin afirma numa fórmula de admirável densidade: «*É a estimulação*, não a resposta, que permanece o factor de controlo na construção dos objectos dos sentidos.» Mesmo sob a forma aparentemente geral, mesmo quando o ser repleto e farto crê ter chegado a hora de pensar gratuitamente, é ainda sob a forma de *estimulação* que ele coloca a *primeira objectividade*. Esta necessidade de sentir o objecto, este apetite pelos objectos, esta curiosidade indeterminada não correspondem ainda – seja a que título for – a um estado de espírito científico. Se uma paisagem é um estado de alma romântico, um pedaço de ouro é um estado de alma avaro, uma luz um estado de alma extático. Um espírito pré-científico, quando se tenta embaraçá-lo com objecções sobre o seu realismo *inicial*, sobre a sua pretensão em apreender, logo à primeira, o seu objecto, desenvolve sempre a psicologia dessa *estimulação*, que é o verdadeiro valor da convicção, sem nunca atingir sistematicamente a psicologia do controlo objectivo. Com efeito, como Baldwin sugere, tal controlo resulta, antes de mais, de uma *resistência*. Por controlo entende-se em geral *the checking, limiting, regulatian of the constructive processes*(*). Mas, antes do impedimento e da censura que correspondem curiosamente ao conceito inglês de *check*(*), explicitaremos a noção de *fracasso*, implicada igualmente na mesma palavra. É porque há fracasso que há refreamento da estimulação. Sem este revés, a estimulação seria *valor puro*. Seria embriaguez; e, em virtude do enorme sucesso subjectivo que é uma embriaguez, ela seria o mais irrectificável dos erros objectivos. Assim, para nós, o homem que tivesse a impressão de que *nunca* se engana, estaria sempre enganado. (*Formation*, cap. XII, p. 239).

54. Basta falarmos num objecto para parecermos objectivos. Mas, pela nossa primeira preferência, é mais o objecto que nos escolhe do que nós o escolhemos a ele, e aquilo que consideramos os nossos pensamentos fundamentais sobre o mundo são, muitas vezes, confidências sobre a juventude do nosso espírito. Por vezes, ficamos

---

(*) Em inglês no original. *(N. do T.)*

deslumbrados perante um objecto eleito; acumulamos as hipóteses e os sonhos; formamos assim convicções que possuem a aparência de um saber. Mas a fonte inicial é impura: a evidência primária não é uma verdade fundamental. A objectividade científica só é possível depois de termos rompido com o objecto imediato, de termos recusado a sedução da primeira escolha, de termos parado e contradito os pensamentos que nascem da primeira observação. Toda a objectividade, devidamente verificada, desmente o primeiro contacto com o objecto. Tem de começar por criticar tudo: a sensação, o senso comum, até a prática mais constante e a própria etimologia, pois o verbo, que é feito para cantar e seduzir, raramente vai ao encontro do pensamento. Em vez de se deslumbrar, o pensamento objectivo deve ironizar. Sem esta vigilância desconfiada, nunca alcançaremos uma atitude verdadeiramente objectiva. Se se trata de examinar homens, iguais, irmãos, a simpatia é a base do método. Mas, perante o mundo inerte que não vive a nossa vida, que não sofre de nenhum dos nossos males e que nenhuma das nossas alegrias pode exaltar, devemos cessar todas as expansões, devemos controlar a nossa pessoa. Os eixos da poesia e da ciência são, antes de mais, inversos. Tudo o que a filosofia pode esperar é tornar a poesia e a ciência complementares, uni-las como dois contrários bem ajustados. É necessário, pois, opor ao espírito poético expansivo o espírito científico taciturno, para o qual a antipatia prévia constitui uma sã precaução. (*Psychanalyse*, cap. I, pp. 9-10.)

b) *A noção de «facto científico»*

55. A dúvida universal pulverizaria irremediavelmente o dado numa acumulação de factos heteróclitos. Não corresponde a nenhuma instância real da investigação científica. A investigação científica reclama, em vez da parada da dúvida universal, a constituição de uma *problemática*. Toma como ponto de partida real um *problema*, mesmo que esse problema esteja mal posto. O eu científico é então *programa de experiências*, ao passo que o não-eu científico é já *problemática constituída*. Em física moderna, nunca se trabalha sobre o desconhecido total. *A fortiori*, contra todas as teses que afirmam um irracional fundamental, nunca se trabalha na base do incognoscível. Por outras palavras, um problema científico põe-se a partir de uma correlação de leis. Na falta de um protocolo preliminar de leis, um *facto* limitado a uma constatação arrisca-se a ser mal compreendido. Ou, mais exactamente, afirmado dogmaticamente por um empirismo que se compromete na sua própria constatação, um *facto* enfeuda-se a tipos de compreensão sem relação com a ciência actual. Daí certos erros que a cidade científica não tem dificuldade em julgar. Quem compreendeu, por exemplo, a teoria científica do *ponto de orvalho* tem consciência de que ela apresenta uma prova definitiva que vem encerrar uma antiga controvérsia. A técnica de um higrómetro como os de Daniell ou de Regnault – para citar apenas aparelhos conhecidos em meados do século XIX – dá uma garantia de objectividade que não é fácil de obter através de uma simples observação «natural». Depois de termos recebido esta lição de objectividade, já não é possível cometer o erro de Renan, que crê poder rectificar o senso comum nestes termos: «Ao povo parece-lhe que o orvalho cai do céu, e é com dificuldade que acredita no sábio que lhe assegura que o orvalho sai das plantas» ([33]). Ambas as afirmações são igualmente falsas; ambas trazem a marca de um empirismo sem organização de leis. O facto de o orvalho cair do céu ou sair das plantas não suscitaria mais que uma problemática muito reduzida. O fenómeno do orvalho é racionalizado pela lei fundamental da higrometria, que liga a tensão do vapor

---

([33]) Renan, *L'Avenir de la science*, p. 20.

à temperatura. Baseados na racionalização de uma tal lei, pode-se, sem contestação possível, resolver o problema do orvalho.

Um outro historiador, muito zeloso do pensamento científico, é vítima, tal como Renan, de um equívoco. Taine, ao escrever em 1861, ao seu amigo de Suckau, pretende pô-lo ao corrente dos êxitos da ciência nos últimos meses: «Neste momento, estuda-se intensamente a luz; temos as experiências de Fizeau, que provam que ela avança mais depressa na água do que no ar, e as de Becquerel filho, que provam que todos os corpos são fosforescentes» (*Correspondance*, t. II, p. 214). A luz «avança *mais* depressa na água do que no ar». Deveria ter dito o contrário. Simples lapso, dirão. Sem dúvida. Mas o físico fica tão chocado com um tal lapso como ficaria um historiador a quem dissessem que o golpe de Estado de Napoleão precedeu a Revolução de quarenta e oito. Mais precisamente, Taine limita-se a dar à experiência de Fizeau apenas o valor de um *facto* constatado. Se tivesse apreciado esta experiência a partir da problemática que a tornava interessante, é provável que não tivesse cometido o mesmo erro. A experiência de Fizeau é mais do que um resultado, é uma conclusão. Constitui um valor epistemológico racional. Considera-se justamente como uma experiência crucial que decide em favor da teoria das ondulações luminosas contra a teoria da emissão. O problema voltará, sem dúvida, a ser posto com a Relatividade, e uma problemática mais vasta exigirá novos comentários. Mas, há um século, a experiência exigia já um longo comentário, uma valorização, porque representava um valor epistemológico eminente. Era mais do que um facto histórico, mais do que um facto que resulta de uma constatação. Resolvia um *problema*. (*Rationalisme*, cap. III, pp. 52-53.)

c) *Uma «revolução coperniciana da objectividade»*

56. Nestas condições, um mundo que já possui uma segurança objectiva apresenta-se-nos como uma senda de *problemas* bem definidos. Tal situação foi muito bem definida por várias notas de Georges Bouligand, em que o sábio matemático apresenta com toda a clareza desejável a dialéctica da síntese global (estado actual dos conhecimentos matemáticos) e dos problemas postos de uma forma clara em função dessa mesma síntese global. No domínio do conhecimento científico do real, a situação não é certamente tão nítida como a que Georges Bouligand caracterizou relativamente ao progresso das ciências matemáticas. Mas coloca, não obstante, a mesma dialéctica. Com efeito, se quiséssemos descrever a actividade do pensamento científico no estilo já célebre do existencialismo, teríamos de dizer que o pensamento científico está sistematicamente «em situação» de objectivação precisa, de uma abjectivação que se expõe como uma *escala de precisão*. E aqui, mais uma vez, vemos a enorme superioridade de instrução metafísica do *objecto científico* sobre o objecto da experiência comum, pois é pela acção enérgica da objectivação cada vez mais precisa que entram em jogo as funções importantes da racionalização do objecto. Em lugar do dualismo de exclusão do sujeito e do objecto, em lugar da separação das substâncias metafísicas cartesianas, vemos em acção a dialéctica de um acoplamento entre os conhecimentos objectivos e os conhecimentos racionais.

No trabalho da precisão científica podemos aprender os elementos de uma revolução coperniciana da objectividade. Não é o objecto que designa a precisão, é o método. Compreenderemos esta subtileza metafísica se nos reportarmos a qualquer medida primitiva. Diz-se, por exemplo, que o nome de *carat* vem do nome de uma árvore africana (Kuara), cujas sementes, depois de secas, apresentam mais ou menos o mesmo peso. Os indígenas, confiando nesta regularidade, servem-se desses grãos para pesar o ouro. Assim, para um primeiro uso, servimo-nos, com toda a ingenuidade, de uma regularidade natural para determinar uma precisão técnica, e isto numa medida de matéria preciosa. Será necessário inverter a perspectiva para fundar o racionalismo da medida.

É evidente que um objecto pode determinar vários tipos de objectivação, várias perspectivas de precisão, podendo pertencer a problemáticas diferentes. O estudo de uma molécula química pode desenvolver-se na perspectiva da química e na perspectiva da espectrografia. Seja como for, um objecto científico só é *instrutor* em relação a uma construção preliminar *a rectificar*, a uma construção a consolidar.

Encontramo-nos sempre perante o mesmo paradoxo: o racionalismo é uma filosofia que *continua*; nunca é verdadeiramente uma filosofia que *começa*.

Nestas condições, toda a experiência sobre a realidade já informada pela ciência é, simultaneamente, uma experiência sobre o pensamento científico. E é esta *experiência duplicada* do racionalismo aplicado que é a adequada para *confirmar discursivamente* uma existência, ao mesmo tempo no objecto e no sujeito. A existência do sujeito racionalista não poderia ser provada pelo processo unitário. Ela adquire a sua segurança no seu poder dialéctico. É eminentemente dialéctica e discursiva porque é obrigada a agir fora de si e em si, assumindo uma substância e uma existência. E se quisermos, a partir daqui, fazer ontologia, terá de ser ontologia de um devir psíquico que provoca uma ontogenia de pensamentos.

Não é possível, portanto, deixar de ver que o objecto *designado* e o objecto *instrutor* correspondem a duas instâncias de objectivação radicalmente diferentes. Remetem, um e outro, para níveis de existência subjectiva valorizados de forma muito diversa. A maior parte das discussões filosóficas sobre «a realidade do mundo sensível» fazem-se a propósito de objectos tomados como exemplos, pretextos ou ocasiões – logo, ao nível da instância de objectivação do *objecto designado.* Mas o objecto simplesmente designado não é propriamente um bom sinal de reunião para dois espíritos que pretendem *aprofundar* o conhecimento do mundo sensível. Por exemplo, nada há de mais inconciliável do que as atitudes filosóficas perante um objecto familiar, segundo se considere esse objecto na sua ambiência de familiaridade ou na sua individualidade necessariamente original. E será ainda uma coisa inteiramente diferente se quisermos estudar um fenómeno enraizado num objecto, numa matéria, um cristal, uma luz. Imediatamente se nos apresenta a necessidade do programa de experiências e a obrigação, para dois espíritos que se pretendam instruir mutuamente, de se colocarem numa mesma linha de aprofundamento. Já não se trata então de designação imediata e intuitiva, mas de uma designação progressiva e discursiva, atravessada por inúmeras rectificações.

Para esquematizar a rivalidade do racionalismo e do empirismo nesta apreensão dos objectos, poder-se-ia evocar este curto diálogo:

O empirista costuma dizer a um racionalista: «Já sei o que vai dizer.» A isto, o racionalista deve responder: «Nesse caso, *relativamente ao tema em discussão,* está a ser tão racionalista como eu.» Mas o outro continua: «Mas você, racionalista, não adivinha aquilo que vou dizer.» – «Sem dúvida (responde o racionalista), mas adivinho que o que vai dizer está *fora do tema* que estamos a discutir.»

Vemos assim que, do ponto de vista do conhecimento científico, o objecto designado pelo conhecimento comum não possui nenhuma virtude de engate. Localiza um nome num vocabulário, mais do que uma coisa num universo. O objecto designado pelo termo *isto,* mesmo apontado a dedo, é quase sempre designado numa linguagem, num mundo da denominação. Perante um objecto que me é designado pelo seu nome *usual,* nunca sei se é o nome ou a coisa que ganham forma na minha mente, ou ainda essa mistura de coisa e de nome, informe, mons-

truosa, na qual nem a experiência nem a linguagem são
dadas na sua acção maior, no seu trabalho de interpsico-
logia efectiva. (*Rationalisme*, cap. III, pp. 54-55.)

3. A noção de «problemática»

57. Tudo se esclarece se inserirmos o objecto de
conhecimento numa problemática, se o assinalarmos num
processo discursivo de instrução, como um elemento situado entre racionalismo docente e racionalismo discente.
Acrescente-se que se trata agora de um objecto *interessante*, de um objecto em relação ao qual ainda não se
completou o processo de objectivação, de um objecto que
não se limita a remeter, pura e simplesmente, para um
passado de conhecimento incrustado num nome. A propósito, não será por uma ironia de um tipo de filósofo que
muitos existencialismos permanecem nominalismos? Julgando pôr-se à margem das filosofias do conhecimento, as
doutrinas existencialistas limitam-se, em muitos casos, às
doutrinas do *reconhecimento*. E muitas vezes, pretendendo
viver a sua experiência presente, deixam às coisas o seu
passado de coisas reconhecidas. O objecto reconhecido e
nomeado oculta-lhes o *objecto-a-conhecer*. Se fizermos a um
existencialista uma objecção a esse passadismo da sua teoria do conhecimento, ele vira-se inflexivelmente para um
futuro de conhecimentos e começa a desenvolver, perante
todo e qualquer objecto da vida comum, a singularidade
da sua atitude de sujeito aberto a todo o conhecimento.
Passa do sempre conhecido ao nunca conhecido com o
maior desembaraço. Não considera verdadeiramente um
existencialismo do conhecimento progressivo.

   A posição do objecto científico, do objecto actualmente instrutor, é muito mais complexa, muito mais comprometida. Reclama uma solidariedade entre método e
experiência. É necessário, pois, conhecer o *método para
conhecer*, para captar o *projecto a conhecer*, isto é, no reino do

conhecimento metodologicamente valorizado, o objecto susceptível de transformar o método de conhecer. Mas voltaremos a esta discursividade metafísica. Basta-nos, por agora, ter sugerido ao leitor a ideia necessária de uma problemática antecedente a toda a experiência que se pretende *instrutiva*, uma problemática que se fundamenta, antes de se precisar, numa dúvida específica, numa dúvida *especificada pelo objecto a conhecer*. Não acreditamos, uma vez mais, na eficácia da dúvida em si, da dúvida que não se aplica a um objecto. (*Rationalisme*, cap. III, p. 56.)

4. *A noção de «método científico»*

a) «Cortesia do espírito científico»?

58. Não há dúvida de que já passou o tempo de um *Discurso do Método*. Já Goethe, no fim da vida, escrevia: «Descartes fez e refez várias vezes o seu *Discurso do Método*. No entanto, tal como o possuímos hoje, não nos pode prestar qualquer ajuda.» Não serei tão severo como Goethe. Mas as regras gerais do método cartesiano são doravante regras óbvias. Representam, por assim dizer, a cortesia do espírito científico; são, para um Congresso como o nosso, os hábitos evidentes do homem de boa sociedade. Seria um cientista aquele que aceitasse a verdade de uma coisa antes de esta se lhe ter apresentado como tal em toda a sua evidência? Encontraria audiência num Congresso de sábios aquele que não ordenasse os seus pensamentos tendo sempre presentes mo espírito as verdades básicas da ciência que cultiva?

As dificuldades já não residem aí. Têm as suas causas na diversidade dos métodos, na especialização das disciplinas, sobretudo no facto de que os métodos científicos se desenvolvem à margem – por vezes em oposição – dos preceitos do senso comum, dos tranquilos ensinamentos da experiência comum. Todos os métodos científicos activos são precisamente métodos de ponta. Não são o resumo dos hábitos ganhos na longa prática de uma ciência. Não se trata de sabedoria intelectual adquirida. O método é, na realidade, uma astúcia de aquisição, um novo e útil estratagema na fronteira do saber. Por outras palavras, um método científico é um método que procura o risco. Seguro da sua conquista, arrisca-se numa aquisição. A dúvida está à sua frente e não atrás como na via cartesiana. Por isso, pude afirmar, sem grandiloquência, que o pensamento científico era um pensamento empenhado. Está constantemente a pôr em jogo a sua própria constituição. Mas há mais. Parece que, por um insigne paradoxo, o espírito científico vive na estranha esperança de que o próprio método venha a fracassar totalmente. Porque um fracasso é o facto novo, a ideia nova. É a maliciosa função matemática, que renuncia ao espartilho das derivadas permanecendo honestamente contínua. Vem zombar dos velhos mestres, sorrir da ingenuidade dos velhos livros. Não me recordo já do nome do sábio – talvez esteja entre vós – que disse que é de bom grado que nos desviamos de um método de fecundidade excessivamente regular. Tal método acaba por passar da categoria de método de descoberta à categoria de simples método de ensino. A clareza é, por vezes, uma sedução que faz vítimas na classe dos professores. Encontram-se muitos que, docemente, na monotonia das lições, se contentam com uma clareza antiquada e se atrasam uma geração. Não quereria obscurecer este dia de festa intelectual que é a abertura de um Congresso dando exemplos de método que só possuem um passado. Mas vós sentis bem que o método não pode ser uma rotina e que, para me servir novamente de um pensamento de Goethe: «Quem perseverar na sua pesquisa é levado, mais tarde ou mais cedo, a mudar de método.» (Congresso internacional de Filosofia.)

b) *Um procedimento não-essencial?*

59. Mas estaríamos a interpretar mal o problema dos métodos científicos se víssemos nos métodos, por um excesso contrário de mobilidade, uma série de procedimentos sem relação com o corpo das verdades profundas, se julgássemos o seu valor em função de um pragmatismo obsoleto ou de um pluralismo esfarelado. Semelhante pragmatismo exerceu tão grandes devastações na doutrina da ciência, serviu tão facilmente para afirmar um cepticismo sobre os valores da verdade, que vos peço autorização para insistir no poder de constante integração do saber científico moderno.

Um método particular, um método que visa um estudo muito especializado, se for verdadeiramente fecundo, determina expansões tais da cultura que é possível espantarmo-nos com as habituais homilias contra a especialização. Deixaríamos certamente embaraçados os que professam uma admiração eloquente pela cultura geral se lhes pedíssemos que a definissem. Na sua definição, facilmente se encontraria a marca indelével dos seus estudos de juventude, podendo afirmar-se: chamo cultura geral àquilo que os meus bons e velhos mestres me ensinaram. Ter aprendido é, por vezes, uma desculpa para nos desinteressarmos de aprender.

Toda a polémica, aliás, se esclarece se evocarmos o que se pode muito bem chamar, incluindo precisamente as ciências humanas, *a cultura geral científica*. Com esta extensão, o espírito científico deve apresentar-se como o próprio esqueleto de uma cultura geral moderna.

Assim, se seguirmos a história das ciências desde os dois últimos séculos, aperceber-nos-emos de que ela é a um tempo uma história de especializações do saber e uma história da integração, numa cultura geral, das culturas especializadas. Este poder de integração é tão grande que o temor das especializações constitui um belo exemplo de temor vão. Ao longo de toda a história das ciências podemos recolher queixas filosóficas que pretendem alertar os espíritos contra a especialização. É possível, hoje, espantarmo-nos com um Goethe que considerava a óptica do início do séc. XIX demasiado especializada. O que é demasiado especializado para um filósofo é, por vezes, um elemento da cultura geral do sábio. Mas aquilo de que o filósofo não se dá conta é que a especialização é muitas vezes a actualização de uma cultura científica geral. A especialização faz passar a acto uma potência largamente acumulada. E quanta coerência não encontra uma vida de sábio numa profunda especialidade! Descobrimos então a fenomenologia da obstinação racionalista, a fenomenologia da experiência minuciosa, numa palavra, a fenomenologia da coragem da inteligência. Para servir uma especialização, o espírito abre-se inteiramente, os olhares dirigem-se para o vasto mundo. E que leitura imensa, que avidez de informações não reclama uma especialização moderna! Pode afirmar-se que se escreveram, em meio século, mais livros e artigos sobre o electrão do que, ao longo de todas as idades, se escreveu sobre a Lua.

E vede onde se manifesta a fecundidade real da cultura, a viva actualidade da cultura! A comparação do movimento da Lua e do movimento da queda das corpos foi, sem dúvida, a causa, quando as medidas se tornaram suficientemente precisas, das grandes sínteses newtonianas. Mas, actualmente, o electrão, essa lua dos prodigiosos mundos minúsculos, empenha-nos numa problemática mais vasta. O estudo da mecânica do electrão solicita-nos pensamentos cada vez mais gerais, cada vez mais englobantes. E em breve a mecânica da Lua não será para nós mais do que uma mecânica clássica, a mecânica de um electrão preguiçoso, um electrão monstruosamente entorpecido. E os sábios abandoná-lo-ão aos devaneios dos poetas, que reencontrarão assim uma das suas especialidades!

É preciso, pois, ignorar totalmente a psicologia do especialista, do trabalhador arrebatado pela especialização, para o descrever como um homem de vistas curtas empenhado num impasse. Em ciência, as percepções exactas são garantias de percepções amplas. (*Ibid.*)

c) «*Ao mudar de métodos, a ciência torna-se cada vez mais metódica*»

60. Mas existe uma outra razão que acentua o valor dos métodos múltiplos, outra razão que, apesar do movimento dos seus métodos, dá à ciência moderna uma feliz estabilidade. É o facto de que toda a crise profunda no método é imediatamente uma consciência da reorganização do método. Encontrarão provas disso, entre muitos outros casos, se seguirem os colóquios de matemática ou aprofundarem os debates sobre o determinismo. Estamos aqui em presença dos mais evidentes conflitos de métodos. Chego mesmo a perguntar-me se não existirá actualmente uma certa oposição entre os esforços para alicerçar a ciência e os esforços para a erigir. Não devemos, é certo, tornar-nos vítimas das nossas próprias metáforas. No fim de contas: alicerçar, projectar, erigir não passam de imagens. No que concerne ao edifício da ciência, é possível erigi-lo sem o alicerçar. É também possível, infelizmente!, alicerçar sem erigir. Se as minhas solenes funções de presidente do Congresso não me privassem do prazer das polémicas vivas e amigáveis, poderia dar exemplos. Vós próprios os haveis de encontrar. Mas, na qualidade de homens de ciência, sabeis melhor do que ninguém que a ciência não se destrói, que nenhuma crise interna pode deter o seu progresso, que o seu poder de integração permite-lhe aproveitar aquilo que a contradiz. Uma modificação nas bases da ciência produz uma expansão no seu cimo. Quanto mais se escava a ciência, mais ela se eleva.

Podemos, assim, estar seguros de que a multiplicação dos métodos, seja qual for o nível a que esses métodos operem, não poderá prejudicar a unidade da ciência. Explicitando melhor, e empregando um conceito epistemológico de M. Bouligand, pode-se afirmar que a síntese global da ciência está tanto mais assegurada quanto mais longe possível essa síntese global irradiar a sua problemática. É perfeitamente possível assinalar um método que se desgasta, um método que, em contradição com a etimologia da palavra, não anda. Mas a condenação de um método equivale de imediato, na ciência moderna, à proposição de um método novo, de um método jovem, de um método de jovens. Encontrarão muitos testemunhos disso no presente Congresso. Não existe interregno no desenvolvimento dos métodos científicos modernos. Ao mudar de métodos, a ciência cada vez se torna mais metódica. Estamos em estado de racionalismo permanente. (*Ibid.*)

5. *A noção de aplicação*

61. (...) O espírito científico pode extraviar-se seguindo duas tendências contrárias: a atracção do singular e a atracção do universal. Ao nível da conceptualização, definiremos estas duas tendências como características de um conhecimento em compreensão e de um conhecimento em extensão. Mas, se a compreensão e a extensão são, uma e outra, motivos de ruptura epistemológica, onde se encontram as fontes do movimento espiritual? Qual a correcção que permitirá ao pensamento científico encontrar uma saída?

Seria necessário criar aqui uma palavra nova, entre compreensão e extensão, para designar essa actividade do pensamento empírico inventivo. Seria necessário que essa palavra pudesse receber uma acepção dinâmica particular. Com efeito, segundo o nosso ponto de vista, a riqueza de um conceito científico mede-se pelo seu poder de deformação. Tal riqueza não pode ligar-se a um fenómeno isolado que seria reconhecido como cada vez mais rico em características, cada vez mais rico em compreensão. Tal riqueza também não pode ligar-se a uma colecção que reuniria os fenómenos mais heteróclitos, que se estenderia, de uma *maneira contingente*, a casos novos. O matiz intermediário será realizado se o enriquecimento em extensão se tornar *necessário*, e tão coordenado quanto a riqueza em compreensão. Para englobar provas experimentais novas, será então necessário *deformar* os conceitos primitivos, estudar as condições de *aplicação de um conceito no próprio significado do conceito*. É nesta última necessidade que reside, quanto a nós, o carácter dominante do novo racionalismo, correspondendo a uma estreita união da experiência e da razão. A divisão clássica que separava a teoria da sua aplicação ignorava a necessidade de incorporar as condições de aplicação na própria essência da teoria.

Como a aplicação está submetida a aproximações sucessivas, pode afirmar-se que o conceito científico que corresponde a um fenómeno particular é o *agrupamento* das aproximações sucessivas bem ordenadas. A conceptualização científica necessita de uma série de conceitos em vias de aperfeiçoamento para receber o dinamismo que temos em vista, para formar um eixo de pensamentos inventivos.

Esta conceptualização totaliza e actualiza a história do conceito. Para além da história, impulsionada pela história, ela suscita experiências para deformar uma fase histórica do conceito. Na experiência, ela procura ocasiões para *complicar* o conceito, para o *aplicar* não obstante a resistência do conceito, para realizar as condições de aplicação que a realidade não reunia. É então que nos apercebemos de que a ciência *realiza* os seus objectos, sem nunca os considerar totalmente acabados. A fenomenotécnica *alarga* a fenomenologia. Um conceito torna-se científico na medida em que se torna técnico, em que se faz acompanhar de uma técnica de realização. Vê-se bem, portanto, que o problema do pensamento científico moderno é, uma vez mais, um problema filosoficamente intermediário. Como nos tempos de Abelardo, nós próprios gostaríamos de nos fixar numa posição média, entre os positivistas e os formalistas, entre os partidários dos factos e os partidários dos signos. Expomo-nos, pois, de todos os lados, à crítica. (*Formation*, cap. III, pp. 60-61.)

II
O MATERIALISMO TÉCNICO

1. *Instrumentos e precisão*

62. Na ciência moderna, as condições da precisão tornam-se cada vez mais absorventes. Antes de mais, estão, sem dúvida, mal esclarecidas. A «Toesa do Ghâelet» [34], incrustada em 1668 na parede exterior do rande Châtelet, exposta a todas as intempéries, usada com frequência para controlo dos aferidores mercantis, serviu para determinar a toesa do Peru que Bouguer, La Condamine e Godin levaram, em 1735, para o Equador. Foi nas mesmas condições que a missão da Lapónia, dirigida por Maupertuis e Clairaut, determinou a toesa do Norte. Os sábios e os experimentadores mais prudentes e minuciosos da época contentavam-se com uma determinação muito grosseira, mesmo nas pesquisas científicas da mais elevada ordem. Segundo a opinião do astrónomo Lalande, a diferença das duas toesas pode atingir 1/25 de linha, ou seja, cerca de 1/10 de milímetro. Há duzentos anos, um erro de

---

[34] Châtelet: nome dado a duas fortalezas de Paris. O «Grande Châtelet» era a sede da jurisdição criminal do viscondado e do prebostado de Paris. *(N. do T.)*

um décimo de milímetro era, pois, considerado como negligenciável ou dificilmente determinável. No final do séc. XVIII, o estabelecimento do sistema mérito possibilitou investigações mais minuciosas. Nónios e lupas passam a ser utilizados. Vários experimentadores repetem inúmeras séries de determinações. Qual foi o resultado? Delambre, na obra sobre a base do sistema métrico decimal, dá a entender que grandezas da ordem do centésimo de milímetro parecem-lhe inacessíveis às observações, mesmo nas pesquisas científicas da mais alta precisão. Passados cinquenta anos, a precisão limite foi decuplicada. Cem anos depois, apenas com meios directos, com aparelhos ópticos (microscópio de média ampliação) que os sábios da Convenção puderam utilizar, atinge-se uma aproximação de 1/10 000 de milímetro.

Finalmente, num último período, os sábios apercebem-se de que os instrumentos directamente adaptados à medida dos comprimentos tinham atingido o máximo da perfeição que deles se podia esperar. Para afinar o conhecimento, eram necessários métodos novos. Em 1900, M. Benoit terminava nestes termos o seu relatório ao Congresso internacional de Física: «Estou persuadido de que os nossos descendentes farão melhor do que nós, mas, para isso, com toda a probabilidade, terão de o fazer de outro modo.» Dirigir-se-ão, por exemplo, para as interferências ópticas, pondo em prática uma ideia de Fizeau. Este físico escrevia, em 1864: «Um raio de luz, com as suas séries de ondulações extremamente ténues mas perfeitamente regulares, pode ser considerado como um micrómetro natural da maior perfeição, particularmente próprio para determinar comprimentos.» Por vezes, com métodos diferentes, as dificuldades mudaram inteiramente de aspecto. Assim, nas determinações directas de comprimento, era evidentemente a parte decimal a mais difícil de precisar. Nos processos ópticos, tratava-se de uma tarefa relativamente fácil. O maior obstáculo consiste em conhecer a parte inteira que se exprime em comprimento de onda por um número muito grande. Vemos aqui intervir o papel primordial dos instrumentos nos conhecimentos aproximados em Física. (*Essai*, cap. V, pp. 60-61.)

63. *Um instrumento, na ciência moderna, é verdadeiramente um teorema reificado;* ao considerarmos a construção esquemática da experiência capítulo por capítulo, ou ainda instrumento por instrumento, apercebemo-nos de que as hipóteses devem ser coordenadas do próprio ponto de vista do instrumento; os aparelhos como o de Millikan, ou como os de Stern e Gerlach, são pensados *directamente* em função do electrão ou do átomo. As suposições que se fazem actualmente, na base da ciência, a propósito dos caracteres atómicos, não são, assim, simples fantasias. Constituem o próprio esqueleto da nossa ciência experimental. Por isso, a doutrina de Vaihinger, aliás tão sugestiva, não nos parece ter apreendido o verdadeiro papel das concepções atomísticas contemporâneas. Para Vaihinger, o átomo não constitui uma hipótese propriamente dita; corresponderia antes a uma ficção[35]. Logo, enquanto ficções, todos os caracteres atribuídos directamente ao átomo deveriam ser eliminados uma vez executada a sua função muito intermediária, exactamente da mesma maneira que o símbolo da quantidade imaginária utilizado pela álgebra deve desaparecer assim que se enunciam os resultados. É precisamente porque a intuição de átomo acabará por ser eliminada que a podemos carregar de características contraditórias. E isto seria igualmente verdadeiro no que diz respeito às intuições. Vaihinger chega a dizer que uma intuição, mesmo sendo materialmente falsa, serve muitas vezes provisoriamente, na falta de uma intuição exacta. Do nosso ponto de vista, este carácter deliberadamente *factício* traduz mal o carácter *técnico*, cuja importância sublinhamos mais acima.

---

[35] Vaihinger, *Die Philosophie des Als Ob*.

O factício pode bem dar uma metáfora; não pode, como o técnico, fornecer uma sintaxe susceptível de reunir entre si os argumentos e as intuições. Além disso, como o próprio Vaihinger reconhece, se se pode, a propósito das hipóteses atomísticas, falar pelo menos do jogo da imaginação, deve reconhecer-se que esse jogo não é ilusório. Longe de conduzir o entendimento ao erro, facilita-lhe a tarefa. (*Intuitions*, cap. VI, pp. 140-142.).

64. De uma forma ainda mais nítida e quase material, poder-se-iam determinar as diferentes idades de uma ciência através da técnica dos seus instrumentos de medida. Cada um dos séculos que acabam de passar tem a sua escala de precisão particular, o seu grupo de decimais exactas e os seus instrumentos específicos. Não pretendemos retraçar aqui esta história dos instrumentos, que evocámos numa outra obra([36]). Queremos simplesmente assinalar a dificuldade em determinar as *primeiras* condições da medida. Por exemplo, Martine lembra que os primeiros termómetros eram fabricados com muita imprecisão([37]). «Mesmo os de Florença, cujo grau mais elevado era fixado segundo o maior calor do sol nessa região, eram demasiado vagos e indeterminados.» Aper-cebemo-nos, apenas por este exemplo, do carácter nefasto do uso directo do termómetro. Como o termómetro nos deve informar sobre a temperatura ambiente, é a indicações meteorológicas que iremos começar por pedir o princípio da sua graduação. Numa perspectiva semelhante, Halley propõe, como ponto fixo, a temperatura dos locais subterrâneos insensíveis ao Inverno e ao Verão. Essa insensibilidade foi reconhecida pelo termómetro.

([36]) No *Essai sur la connaissance approchée* (D. L.) (As notas acrescidas às de Bachelard são seguidas das iniciais D.L.).

([37]) Martine, *Dissertation sur la chaleur avec les observations nouvelles sur la construction et la comparaison des thermomètres*, trad. Paris, 1751, p. 6.

Não era directamente objectiva na ausência de uma medida instrumental. Ainda no tempo de Boyle, observa Martine, «os termómetros eram de tal maneira variáveis e indeterminados que parecia moralmente impossível estabelecer, por seu intermédio, uma medida do calor e do frio tal como possuímos para o tempo, para a distância, para o peso, etc.». Perante uma tal carência técnica instrumental, não nos devemos espantar com a prodigiosa variedade dos primeiros termómetros. Passou a haver, em pouco tempo, tipos mais numerosos do que as medidas de peso. Esta variedade é muito característica de uma ciência de amadores. Os instrumentos de uma cidade científica estruturada como a nossa são quase imediatamente estandardizados. A vontade de técnica é, no nosso tempo, tão nítida e tão vigiada que nos espantamos com a tolerância dos primeiros erros. Cremos que a construção de um *aparelho objectivo* é simples, nem sempre vemos a soma das precauções técnicas que reclama a montagem do aparelho mais simples. Haverá, por exemplo, algo aparentemente mais simples do que a montagem, sob a forma de barómetro, da experiência de Torricelli? Mas só o acto de encher o tubo reclama muitos cuidados. E a mínima falha neste aspecto, a mais pequena bolha de ar que fica, determina diferenças notáveis na altura barométrica. O amador Romãs, na pequena cidade de Nérac, seguia as variações diferentes de cinquenta aparelhos. Simultaneamente, multiplicavam-se as observações para penetrar a influência das variações barométricas em diversas doenças. Assim, o aparelho e o objecto da medida revelavam-se ambos mal adaptados e afastados das boas condições de um conhecimento objectivo. No conhecimento instrumental primitivo podemos ver a erguer-se o mesmo obstáculo que no conhecimento objectivo ordinário: o fenómeno não oferece necessariamente à medida a variável mais regular. Pelo contrário, conforme os instrumentos se vão afinando, o seu *produto* científico fica cada vez mais bem definido. O conhecimento torna-se objectivo na proporção em que se torna instrumental. A doutrina da sensibilidade experimental é uma concepção muito moderna. Antes de todo o empreendimento experimental, um físico tem de determinar a sensibilidade dos seus aparelhos. É isso que o espírito pré-científico não faz. A marquesa du Châtelet esteve muito perto da experiência que Joule realizou um século mais tarde, sem ter compreendido a sua possibilidade. Ela afirma explicitamente: «Se o movimento produzisse fogo, a água fria, sacudida com força, aqueceria, o que não acontece de uma forma sensível; e, se chega a aquecer, é muito dificilmente.» O fenómeno que a mão não distingue de uma maneira sensível teria sido assinalado por um termómetro ordinário. A determinação do equivalente mecânico do calor será apenas o estudo deste aquecimento difícil. Ficaremos menos surpreendidos com esta ausência de perspicácia experimental se considerarmos a mistura das intuições de laboratório e das intuições naturais. Por isso Voltaire pergunta, como a marquesa du Châtelet, por que razão os ventos *violentos* do Norte não produzem calor. Como vemos, o espírito pré-científico não é uma doutrina clara do grande e do pequeno. Mistura o grande e o pequeno. Talvez a maior falha do espírito pré-científico seja a ausência de uma doutrina dos erros experimentais. (*Formation*, cap. XI, pp. 216–217.)

2. *A «cidade científica» a) A Escola*

65. Como é possível, doravante, deixar de inscrever na filosofia fundamental do pensamento científico, na sequência do seu estatuto intersubjectivo, o seu carácter social inelutável? Porque, no fundo, a pluralidade essencial dos pensadores de um pensamento científico determinado, eis, como afirma o poeta, a expressão do homem «na milésima pessoa do singular»(³⁸), eis uma geração de sábios unificada na singularidade de uma verdade inteiramente nova, na facticidade de uma experiência desconhecida das gerações anteriores. Parece que o carácter social das ciências físicas se manifesta precisamente pelo vidente *progresso* dessas ciências. O trabalhador isolado deve confessar «que não teria conseguido descobrir tudo isso sozinho». O progresso dá a estas ciências uma verdadeira história do ensino cujo carácter social não pode ser desprezado. A comunhão social do racionalismo docente e do racionalismo discente que tentamos caracterizar na nossa última obra (trata-se do *Rationalisme appliqué*) confere ao espírito científico a dinâmica de um crescimento regular, a dinâmica de um progresso *certo*, de um progresso confirmado psicológica e socialmente pela própria expansão das forças culturais. O homem hesita. A Escola – nas ciências – não hesita. A Escola – nas ciências – arrasta. A cultura científica impõe as suas tarefas, a sua linha de crescimento. As utopias filosóficas não têm, aqui, quaisquer valor. É necessário integrar-se na Escola, na Escola tal qual é, na Escola tal como evolui, no pensamento social que a transforma. E, uma vez que é nossa intenção nada esquecer dos caracteres que determinam a evolução do pensamento científico, não podemos deixar de assinalar a extrema importância do livro científico moderno. As forças culturais visam a coerência e organização dos *livros*. O pensamento científico é um livro activo, um livro a um tempo audacioso e prudente, um livro em ensaio, um livro do qual se desejaria apresentar uma nova edição, uma edição melhorada, refundida, reorganizada. É verdadeiramente o ser de um pensamento em vias de crescimento. Se esquecermos este carácter de sucessiva solidez da cultura científica moderna, estamos a avaliar mal a sua acção psicológica. O filósofo fala de fenómenos e de números. Porque não há-de ele conceder a sua

---

(³⁸) Henri Pichette, prefácio a *Greniers url'Eau*, de Emanuel Looten.

atenção ao ser do livro, ao *bibliómeno*? Será que um filósofo céptico pergunta se o electrão existe? Não é fugir ao debate responder-lhe com o argumento do livro: o número de livros escritos sobre o electrão em cinquenta anos é indubitavelmente maior do que o número de livros escritos sobre a Lua em quinhentos anos. Existir através do livro é já uma *existência*, uma existência tão humana, tão solidamente humana! Objectar-se-á, em vão, que a Lua «existe» para dois biliões de homens – com uma grande variedade de valores ontológicos e, precisamente por isso, sem grande garantia de objectividade comum–, ao passo que o electrão só existe para alguns milhares de físicos informados, que transmitem a sua cultura a algumas centenas de milhares de leitores atentos. Mas é precisamente por isso que se torna necessário edificar uma filosofia da cultura científica, na qual se indicarão todas as ocasiões de fornecer uma hierarquia dos valores de realidade. Uma tal filosofia da cultura científica é muito diferente do cientismo, uma vez que, longe de se satisfazer com os resultados adquiridos, se empenha arrojadamente numa discussão sobre os valores filosóficos dos temas variados da experiência e das dialécticas diversas que abalam e reorganizam os valores racionais. Através de tais esforços, a natureza é posta sob o signo do homem activo, do homem que inscreve a técnica na natureza([39]). A coerência humana, em torno de um ser técnico, acaba por ser mais forte do que em torno de um objecto natural. Ora, a técnica não se descobre, aprende-se num determinado ensino, transmite-se através de representações e desenhos. Encontramo-nos perante valores de objectividade codificados. (*Activité*, Intr., pp. 7-9.)

([39]) Cf. Karl Marx, *L'idéologie Allemande*, trad. Molitor. pp. 163 e segs.; edição portuguesa: *A Ideologia Alemã*, Editorial Presença.

O MATERIALISMO TÉCNICO 173

b) *Cidade teórica e cidade técnica*

66. Vemos aparecer o teórico não solitário. Inúmeras memórias teóricas trazem, frequentemente, várias assinaturas. No primeiro trimestre de 1948 foram publicadas 70 memórias em *The Physical Review*, das quais só metade assinadas por um único nome. Vinte e duas memórias surgem assinadas por dois nomes. Oito por três nomes. Há quatro memórias que são fruto da colaboração de quatro autores. Esta cooperação na descoberta racional é uma marca dos tempos modernos. A história das matemáticas, até ao séc. XX, não dá um único exemplo de uma matemática a duas vozes.

Mas esta pequena contabilidade não fornece um cômputo suficiente da comunhão dos teóricos. Assim como uma técnica particular comanda a construção de uma cidade inteira, de uma cidade-fábrica, para criar alguns átomos de plutónio e encerrar mais alguns corpúsculos no ínfimo núcleo do átomo, para aí suscitar uma energia monstruosa, uma energia sem paralelo com as forças da tempestade, também uma enorme preparação teórica reclama o esforço de toda a cidade teórica.

E as duas sociedades, a sociedade teórica e a sociedade técnica, tocam-se e colaboram. Ambas *se compreendem*. E é esta compreensão mútua, íntima, activa, que constitui o facto filosófico novo. Não se trata de uma compreensão *natural*. Para a obter, não basta aprofundar uma clareza de espírito inata ou refazer com uma maior precisão uma experiência objectiva corrente. É preciso aderir resolutamente à ciência do nosso tempo. É preciso, antes de mais, ler livros, muitos livros difíceis, e elevar-se gradualmente à perspectiva das dificuldades. Eis as tarefas. No outro eixo do trabalho científico, do lado técnico, é necessário manipular, em equipa, aparelhos que são frequentemente, de uma maneira paradoxal, delicados e potentes. Semelhante convergência de exactidão da força não corresponde no mundo sublunar a nenhuma necessidade *natural*. Ao seguir a física contemporânea, abandonámos a natureza para entrar numa *fábrica de fenómenos*. Objectividade racional, objectividade técnica e objectividade social, eis três caracteres doravante fortemente ligados. Se esquecermos um só que seja dos caracteres da cultura científica moderna, entramos no domínio da utopia. Uma filosofia das ciências que não se pretenda utópica deve tentar formular uma síntese destes três caracteres. Em particular, é sem dúvida a ela que compete a tarefa de mostrar a importância do carácter intersubjectivo, do carácter histórico e social, em reacção mesmo contra os próprios hábitos do pensamento filosófico Compete à filosofia das ciências pôr em evidência os valores da ciência. Tem de refazer, em todos os períodos do desenvolvimento da ciência, a tradicional dissertação sobre *o valor da ciência*. Cabe-lhe igualmente a tarefa de estudar psicologicamente os *interesses culturais*, bem como a tarefa de determinar os elementos de uma verdadeira orientação profissional da cultura científica. (*Activité*, Intr., pp. 9-10.)

c) *Especializações*

67. Dado que a especialização do pensamento científico é necessariamente precedida de uma cultura científica sólida que *determina* precisamente a especialização, temos o direito de ficar surpreendidos com o facto de a especialização científica ser tão fácil e constantemente denunciada como uma mutilação do pensamento. Mesmo em épocas nas quais o pensamento científico permanecia, de acordo com a perspectiva actual, muito geral e fácil, vamos encontrar as mesmas condenações, os mesmos avisos contra os perigos que, através da especialização, ameaçam o futuro da ciência. Há pouco mais de um século, Goethe, que lutara toda a sua vida contra a informação matemática dos fenómenos físicos, deplorava a tendência da ciência para a especialização. E não será sintomático o encontro, a este respeito, de um Goethe e de um Jérôme Paturot? Escrevia Louis Raybaud(⁴⁰) em 1948: «A força de se orientar a ciência no sentido das especialidades, do aprimorar das minúcias, se assim se pode dizer, chegamos a uma espécie de quinta-essência em que tudo se decompõe. Receio bem que, na química, se tenha já chegado a esse ponto, e na matemática também.» E são páginas e páginas que, neste velho romance, afirmam textualmente os escárnios de hoje contra os sábios «encravados numa especialização», contra o químico que descobriu que o «protóxido de manganês é isomorfo em relação ao do ferro, e que o seu sesquióxido o é em relação ao peróxido de ferro.» A isomorfia não interessa a Jérôme Paturot e, como a química o empenharia em problemas tão especializados, não seria ela que lhe daria «uma posição social». Quem se julga filosoficamente inteligente revela-se muito ingénuo na apreciação dos valores científicos. Tais apreciações têm, pelo menos, o condão, quer sejam pronunciadas por um dos grandes da Terra, como Goethe, ou por um burguês médio, como o herói de Louis Raybaud, de nos impressionar pela sua *ineficácia*. A ciência segue tranquilamente o seu caminho.

Mas, sem nos ocuparmos mais dos ecos destas críticas obsoletas, sem nos determos no exame das objurações dos partidários da cultura geral, desses filósofos que crêem poder armar-se em juízes em domínios que pouco conhecem e que são, ao contrário do célebre dito, como esferas cuja circunferência está em toda a parte e o centro em nenhuma, consideremos o problema da especialização no seu aspecto positivo e actual.

Temos, antes de mais, um facto patente: a especialização do pensamento científico tem uma recorrência tão profunda sobre o passado do saber que recobra toda a

---

(⁴⁰) Louis Raybaud, *Jérôme Paturot à la recherche d'une position sociale*, ed. 1858, p. 264 (1.ª ed., 1943).

eficácia dos pensamentos gerais e estimula as especializações paralelas. Em suma, a especialidade actualiza uma generalidade e prepara dialécticas. Dá uma prova exacta da generalidade, uma verificação pormenorizada. A especialização pertence necessariamente ao reino da segunda aproximação epistemológica. E não há exemplo de uma segunda aproximação que não conserve o benefício da primeira aproximação. Todo o utensílio especial, por muito elementar que seja, rectifica já uma utensilagem demasiado vaga. uma utensilagem demasiado próxima de uma necessidade primitiva, e que o existencialismo facilmente denuncia. É certo que nos podemos servir de qualquer corpo sólido, fazendo-o funcionar como alavanca, a fim de conseguirmos efectivamente satisfazer a vontades de poder. Mas realizaremos melhor essa acção, e já a *compreenderemos*, se usarmos uma barra de ferro. Especializamos um utensílio. Se faltar o utensílio, poderemos procurar mais inteligentemente um substituto.

Por último, *as culturas mais especializadas são as mais abertas às substituições*. Para disso nos convencermos, basta seguir os processos essencialmente dialécticos dos pensamentos e das técnicas especializadas, onde um aperfeiçoamento de pormenor exige, por vezes, uma refundição dos processos de fabrico. Esta aptidão para as substituições deve ser elevada à categoria de um valor de primeiro plano.

As culturas especializadas são igualmente as que possuem uma maior sensibilidade aos fracassos, daí uma maior solicitação de rectificação. As rotinas, essas, são incorrigíveis e as ideias gerais são suficientemente fluídas para que se encontre sempre um meio de as verificar. As ideias gerais são razões de imobilidade. Por isso, passam por fundamentais.

O mesmo sucede na ordem dos pensamentos teóricos. Quem se especializou numa questão de álgebra *alargou* necessariamente uma cultura algébrica geral. Uma especialização constitui, neste caso, um penhor de cultura profunda. E trata-se de uma cultura que exige um progresso que possui, além do seu saber, uma problemática. Uma cultura científica sem especialização seria como um utensílio sem ponta, um cinzel de fio embotado. A especialização científica determina uma adesão do pensamento subjectivo a uma tarefa, nem sempre a mesma, mas que pretende continuamente renovar-se. Essa *adesão é* a condição de um vigoroso *empenhamento* de um espírito num domínio de pesquisa. Se não se compreender esta dialéctica da adesão e do empenho, desprezam-se as virtudes renovadoras da investigação científica especializada. A cultura geral, tal como é pregada pelos filósofos, permanece muitas vezes uma cultura incoativa. Não se deve também fazer da *disposição de espírito* um valor absoluto, pois é necessário que o espírito científico possua, correlativamente, uma virtude de *posição de objecto*. Ao ler certos fenomenólogos, pode pensar-se que o *leitmotiv* – o pensamento é sempre *pensamento de alguma coisa* – baste para definir a via de objectividade central. Mas é aqui que entra em jogo o par epistemológico: aplicabilidade e aplicação. O pensamento vagabundo caracteriza tanto o pensamento humano como o amor volúvel representa o verdadeiro carácter do amor humano. O poder de fixação acaba por ser o carácter positivo da disponibilidade do espírito reflectido. Este poder de fixação não recusa as objecções; recusa as distracções. Enquanto não se tiver realizado a dupla ancoragem no mundo do sujeito e no mundo do objecto, o pensamento não encontrou as raízes da eficácia. Em suma, o filósofo afastado do pensamento científico não vê todo o valor de um empenhamento objectivo porque o objecto comum não determina realmente um empenhamento. Fora do interesse estético e do interesse científico, o objecto permanece um objectivo efémero. Se o objecto for um utensílio, é visado numa utilidade momentânea, numa utilidade que pode muito bem opor-se a uma utilidade num outro domínio. O cosmos da utilidade é um tecido de contradições. Já Vanini dizia: «Do burro, animal tão útil ao homem, nascem vespões, inimigos do bem-estar do homem.» Para além dos interesses estéticos e científicos, o objecto é um ser do mundo superficial. Com o pensamento científico, surge no objecto uma perspectiva de profundidade. O empenhamento objectivo fortalece-se numa escala de precisão, na sucessão de abordagens cada vez mais delicadas, abordagens essas ligadas a um mesmo objecto e que, no entanto, se designam umas a seguir às outras como níveis diferentes do conhecimento objectivo. Ao seguir uma tal perspectiva dos níveis objectivos ordenados, o espírito é exercitado numa disciplina de rectificação. Torna-se a pouco e pouco um *espírito recto*. Porque a rectidão da razão não é congénita. E, mesmo que se tire partido do privilégio da razão recta, não é difícil reconhecer que convém ter oportunidades de a aplicar. Quanto mais difícil for a aplicação, mais salutar é o exercício. É evidente que um pensamento que visa uma especialização coloca-se sob o bom signo de uma rectificação. Não é fácil instalar-se num estudo científico especializado. E, pense o que pensar a crítica filosófica, um verdadeiro sábio nunca está *instalado* na sua especialidade. É *forte* na sua especialidade, o que quer dizer que se situa entre os mais bem armados para descobrir fenómenos novos nessa especialidade. A sua cultura é, pois, uma história de constantes reformas.

    Examinada por um psicólogo da inteligência, a cultura científica surge como uma colecção de tipos de progresso inegáveis. As especializações constituem, no domínio do pensamento científico, tipos particulares de progresso. Seguir-lhes a retrospectiva é captar a própria perspectiva de progresso preciso. A ciência, nas suas diversas especializações, ensina-nos o progresso. E, se definirmos a inteligência como a essencial faculdade de progressividade, vemos que a cultura científica fica melhor colocada do que qualquer outra determinação empírica pelos testes que dão a conhecer um nível intelectual. A cultura científica propõe, ao longo de todas as suas aquisições, objectos de progresso, objectivos para a necessidade intelectual de progredir.

Um dos traços mais marcantes da especialização – e, do nosso ponto de vista, um traço feliz – é que ela é um sucesso da sociedade dos cientistas. Um indivíduo particular não pode, pela sua própria pesquisa, encontrar as vias de uma especialização. Se se entregasse sozinho a um trabalho especial, enraizar-se-ia nos seus *primeiros hábitos*, viveria no orgulho da sua primeira destreza, como esses trabalhadores sem liberdade técnica que passam a vida a gabar-se de possuir o melhor instrumento, porque é o deles e porque – por um velho hábito – o maneiam bem. Esses trabalhadores tornaram-se sujeitos corporais de um único objecto, de um único utensílio. Envelhecem, enfraquecem, ficam mais perspicazes, menos atentos, e conservam nas mãos a mesma pá, o mesmo martelo, a mesma gramática, a mesma poética. Em todos os reinos da actividade humana, os rudimentos constituem, assim, falsas especializações. A especialização científica é o oposto destas escravaturas primitivas. Dinamiza integralmente o espírito. Trabalha. Trabalha sem cessar. Trabalha sem cessar na frente mais avançada do trabalho.

Resumindo, a especialização parece-nos reunir as condições que Nietzsche apresenta para a própria essência do trabalho científico. Nela se exprime «a fé na solidariedade e continuidade do trabalho científico, de tal forma que cada um possa trabalhar no seu lugar, por mais humilde que seja, com a confiança de que não *trabalha em vão...*». «Só existe uma única grande paralisia: trabalhar em vão, lutar em vão»[41]. (*Activité*, Intr., pp. 11-14.)

---

[41] Nietzsche, *Volanté de puissance*, trad. Bianquis, t. II, § 299, p. 99.

3. As questões do determinismo

a) O determinismo filosófico: um «monstro intelectual»

68. Se desenvolvêssemos, em todas as suas minúcias, os pensamentos que se resumem no determinismo filosófico, recuaríamos perante afirmações incríveis e acabaríamos por não ousar mais assumir o carácter *monstruoso* da hipótese do determinismo universal. Mas, se quisermos tomar exemplos precisos, damos a impressão de *indelicadeza* em relação aos metafísicos; seria, pois, necessário perguntar-lhes: «Acreditais sinceramente que os coices de um cavalo nos campos franceses perturbam o voo de uma borboleta nas ilhas da Sonda ([42])?» E haveria filósofos suficientemente obstinados para responder afirmativamente, acrescentando que o efeito da causa longínqua pode, sem dúvida, não ser percebido, mas *existe*. Pensam assim *filosoficamente*, ainda que *observem*, como toda a gente, algo inteiramente diferente.

Tais filósofos são vítimas da ideia de espaço. Atribuem à realidade um tipo de existência que é apenas uma ontologia particular da ideia de espaço. O espaço, pensam eles, tem uma «existência» ilimitada; por isso, o real, situado no espaço, possui a mesma determinação universal que o espaço infinito. Se chamarmos o filósofo à experiência positiva, se pedirmos a um filósofo do determinismo universal que estude o determinismo de um fenómeno particular, por exemplo, o determinismo de um fenómeno mecânico ou o determinismo de um fenómeno electromagnético ou de um fenómeno químico, ele responde referindo-se a uma intuição elementar da extensão infinita. *Seja o que for* colocado *seja onde for, seja em que altura for*, produz *em toda a parte* o efeito da sua existência.

([42]) Diderot, *Príncipes philosophiques sur la matière et le mouvement*.

Começa então para o determinismo filosófico, para o determinismo que não tem necessidade de experiências para afirmar o seu absoluto, o reino das fórmulas: Tudo se contém a si mesmo – Tudo está em tudo – Do nada nada sai – O vazio não possui realidade – O ser não pode ser limitado pelo nada – O universo é um todo solidário. O determinismo filosófico transforma-se assim num comentário da ideia de *totalidade*. A ideia de *todos*, tão clara quando resume a relação que se acaba de fazer dos objectos de uma colecção, é substituída pela ideia vaga, obscura, de um *Todo indefinido*.

Mas os filósofos apoiam-se na opinião de Laplace: «Devemos considerar o estado presente do universo como o efeito do seu estado anterior e como a causa do estado que se há-de seguir. Uma inteligência que, num determinado instante, conhecesse todas as forças de que a natureza está animada e a situação respectiva dos seres que a compõem, se, além disso, fosse suficientemente vasta para submeter esses dados à análise, abarcaria na mesma fórmula os movimentos dos maiores corpos do universo e do mais ínfimo átomo; nada seria incerto para ela e o futuro, assim como o passado, apresentar-se-ia aos seus olhos. Todos os esforços do espírito humano na procura da verdade tendem a aproximar-se sem limite da inteligência que acabamos de imaginar.»

Este texto, tantas vezes invocado nas discussões filosóficas, parece-nos trazer a marca de um idealismo desmedido, tanto mais digno de nota quanto é frequente repetir-se, do mesmo Laplace, a frase: «Não necessito da hipótese Deus para explicar o universo.» Não se tem em conta que a hipótese do matemático possuidor de uma fórmula que reuniria o passado e o futuro de todos os movimentos é, no próprio estilo de Laplace, um substituto da «hipótese Deus». Mais precisamente, a universalidade mecânica ingénua suposta por Laplace é uma simples função idealista. Não se vê verdadeiramente a sua aplicação ao real. Se o espírito humano fizesse realmente todos os seus esforços para determinar *todos* os movimentos, das mais ínfimas parcelas de *todo* o universo, chegaria a uma espécie de *determinismo do insignificante*. Perdido num mecanismo dos fenómenos assim pulverizados, o espírito não teria acesso às diversas significações da fenomenologia. Com efeito, o pensamento filosófico, tal como o pensamento científico, não pode interessar-se senão por fenómenos estruturados, sistemas definidos, sistemas que, através de uma sequência de aproximações bem conduzidas, podem ser definidos num isolamento. Será legítimo, então, perguntar que significação poderia Laplace ter em vista se se lhe pedisse para precisar a noção de *seres* que ele evoca. Não serão os seres laplacianos simples substancializações da função *estar situado*? Quando Laplace reclama, como dado primordial, «a situação respectiva dos seres que *compõem* a natureza», não estará ele implicitamente a considerar a maneira como a inteligência *decompõe* a natureza? Não será ele vítima de uma intenção idealista não examinada, não referida à experiência positiva? Bastará alterar o tipo de experiências, bastará não colocar o ser na primeira mira de um espírito ocioso para que o problema da composição e da decomposição da «natureza» modifique a noção de ser. Regressamos assim, continuamente, ao nosso princípio filosófico da noção de regiões do ser. Ao seguir os esforços efectivos do pensamento e da experiência científicos, vê-se com toda a evidência que o ser se coloca em domínios de experiências tão diversos que a sua descrição espacial e temporal não é suficiente para decidir de todas as suas determinações. Um determinismo universal limitado à descrição espacial – mesmo se esta fosse exprimível, mesmo não sendo uma simples hipótese idealista – não daria um enquadramento suficiente para o estudo da *ligação real* dos fenómenos. (*Actívité*, Conclusion, pp. 211-213.)

b) *O determinismo dinâmico da ciência quântica*

69. Poder-se-ia, aliás, se fosse necessário, apoiando–nos na ciência quântica, designar limites a um determinismo mecânico que pretende implicar todo o universo a partir de uma acção local particular. Assim, se a energia contida num fenómeno mecânico particular se propagasse, como supõe o determinismo universal, em *todas* as direcções de maneira a ser sensível em *todos* os pontos do universo, essa energia seria em breve dividida por um divisor tão grande que acabaria por ficar abaixo do *quantum* de energia necessário para impressionar qualquer detector imaginável, *quantum* de energia necessário, mais exactamente, a toda a detecção natural. Esta limitação, na realidade, não se deve unicamente à insuficiência dos meios humanos. É a autodetecção da natureza que está em causa, do mesmo modo que em toda a aplicação do princípio de Heisenberg. Chegamos aqui a um ponto litigioso, porque muitos filósofos parecem incapazes de assumir ao mesmo tempo o *realismo* do princípio de Heisenberg e o seu papel de postulado *racionalista*, sobrepondo energicamente o realismo e o racionalismo, de acordo com o que cremos ser o próprio princípio do racionalismo aplicado.

Assim, desde que se eleve a mecânica ao nível de aproximação mais delicada que é a mecânica quântica, chegaremos sempre a uma distância a partir da qual o determinismo absoluto que implica todo o espaço, um espaço monolítico, acaba por se abolir. A mecânica quântica formulada na microfísica terá deste modo uma acção rectificante sobre as vistas indolentes de um universo ilimitado. O mundo pode ser concebido como pleno, como um bloco solidário transmitindo movimentos no âmbito de uma visão cinemática, numa intuição que não considera forças. Então o mundo, tal como na física cartesiana, não é senão um espaço reificado. Só se estuda, nesse caso, um determinismo *geométrico*.

O mundo real e o *determinismo dinâmico* que ele implica exigem outras *intuições, intuições dinâmicas* para as quais se necessita de um novo vocabulário filosófico. Se a palavra *indução* não estivesse já tão carregada de significado, proporíamos a sua aplicação a estas intuições dinamizantes. Quer se lhes chame intuições dinâmicas, induções, conduções, não deixa de ser certo que elas nos empenham num realismo *directo* da energia. Este realismo da energia obriga-nos a pôr os problemas do racionalismo num reino que já não é o reino único da geometria. (*Activité*, Conclusion, p. 214.)

c) «*Todo o determinismo é regional*»

70. Em suma, todo o determinismo é parcial, particular, regional. Ele é captado de um ponto de vista especial, numa ordem de grandeza designada, em limites explícita ou tacitamente fixados.

Inversamente, tudo o que se estuda com cuidado científico é determinado, está afectado de um determinismo determinado. Mesmo o princípio de indeterminação de Heisenberg recebe uma jurisdição determinada; representa um sector especial do determinismo, com expressões e leis algébricas rigorosas. Nesta região do determinismo, a indeterminação é codificada e abre-se um campo de previsão relativamente ao nivelamento nos fenómenos realmente observáveis.

Mas, quando se compreendeu que o pensamento científico estabelece o determinismo em todas as regiões dos seus estudos, não se infere daí que, segundo a fórmula filosófica, *tudo seja determinado*. Esta fórmula filosófica não pode ter qualquer sentido para um técnico, uma vez que o papel do técnico é precisamente instalar-se numa região do determinismo, esforçando-se por eliminar tudo o que possa perturbar o *determinismo especial* da sua técnica. Ele afastará os parasitas, dominará as perturbações, eliminará as impurezas; terá em vista o regime, a marcha regular, o acordo cada vez mais íntimo entre o instrumento e a lei científica. Realizará a sua obra cada vez com maior perfeição, na medida em que desfizer a nuvem de *determinismo ilimitado* que rodeia a estrutura do determinismo bem definido, que é o objectivo da sua técnica. Se acreditasse que tudo está em tudo, que tudo age sobre tudo, privar-se-ia da sua *consciência de aparelho*, perderia a própria base das suas certezas técnicas. (*Activité*, Conclusion, pp. 217-218.)

d) *O «domínio humano sobre a natureza»*

71. Mas o determinismo é então uma noção que assinala o *domínio humano* sobre a natureza. O grande factor determinante é o factor humano, o factor humano da ciência humana. Tentaremos, para acabar, esclarecer este factor. Para isso, mesmo correndo o risco de nos repetirmos, tomemos as coisas um pouco mais acima, reflictamos muito simplesmente na noção de *causalidade* e vejamos a nova força com que essa noção se especifica nos conhecimentos científicos. Todas as distinções que fizemos a propósito do determinismo vão-se encontrar novamente, como é lógico, a propósito da noção de causa, apresentando, no entanto, cambiantes que legitimam, parece-nos, algumas repetições.

É evidente, com efeito, que a função humana é compreender *as causas maiores*.

Mas nós vamos ainda afrouxar o nosso exame do determinismo e terminar o livro reflectindo muito simplesmente na noção de *causalidade* tal como ela se precisa e se especifica, não ao nível da consciência comum, mas antes ao nível da pesquisa científica actual.

A noção de *causa natural* não é uma noção de compreensão tão directa como se afirma vulgarmente. Na realidade, mesmo sendo consagrada objectivamente, a noção de causa, no primitivismo da convicção que lhe é implícito, implica um *eu* pensante e activo, um *eu* que afirma um pensamento como um substantivo de uma acção, um *eu* que tenha reunido, *por* intermédio do pensamento, os elementos fundamentais que constituem uma causa e que se serve deles como um demiurgo. Eis o que se passa no plano imediato. Mas, no plano científico, a determinação de uma causa reclama um sujeito que se instrui, que quer instruir-se, um sujeito numa via de racionalidade. Temos, portanto, de considerar uma técnica íntima da elaboração causal. Só se eu próprio tiver reunido os elementos da causa é que a causalidade poderá ser objecto de uma noção sintética. É evidente que a reunião dos elementos causalizantes pode também ser feita por interposta pessoa. Posso comandar as forças «em causa»; crer que comando, imaginar que comando. Para compreender o universo, o homem cria, se for preciso, os deuses encarregados do mecanismo universal. Existe um imperialismo da causalidade, ou melhor, como sucede com todo o imperialismo, uma ficção de imperialismo. Conhecer uma causa natural é imaginar-se soberano de um universo. Daí essas fórmulas célebres, pela sua orgulhosa modéstia: *saber para poder*. Sem dúvida, o imperialismo que assinala o conhecimento de uma causa rapidamente se dispersa numa administração anónima. Toda a ciência, mais exactamente toda a cidade científica, situa-se como garante da validade de uma lei. Mas é no próprio pormenor das leis que se deve estabelecer a relação de *saber* e de *poder*. Mais do que *saber*, é preciso *compreender*. Só então o *compreender* nos surge em todo o seu poderio. *Compreender* um fenómeno é, então, submetê-lo a uma espécie de potencialidade do meu eu causante, do meu eu que adianta hipóteses, do meu eu que discute (seguro de vencer) com qualquer outro sujeito que se recuse a *compreender* a causalidade do fenómeno que o meu eu agora conhece. Quer se queira quer não, temos de encarar uma instância de convicção pessoal se quisermos fazer a psicologia integral do sujeito racional, do sujeito racionalizante, na sua adesão a uma causa. Estamos em presença de uma polémica virtual, latente, surda, que é a consciência racional obtida através de inúmeros erros. Toda a causa tida por real emerge de um fundo de quimeras. São estas quimeras que o sujeito racionalista denunciará nos outros para provar a sua tomada de consciência da causa real. (*Activité*, p. 218.)

72. Seja como for, o Universo não é um *objecto*. Não podemos estar certos de um *devir* do Universo. Não podemos senão falar do devir de uma certa categoria de fenómenos dados no Universo. Toda a nossa experiência e todo o nosso saber são relativos a uma secção de uma fenomenologia, cuja totalidade não podemos conceber.

Não podemos falar de causalidade se não nos atribuirmos, pelo menos em imaginação, o embargo sobre as *condições iniciais*. Ao descobrir as condições iniciais que *presidem* ao desenvolvimento do fenómeno, atribuímo-nos pelo menos a possibilidade de pensar *quando pretendemos* que esse fenómeno se desenrole.

A causa, então, nunca é verdadeiramente *empírica*. Está sempre primitivamente *oculta*, oculta pelo menos nos *erros* das primeiras pesquisas, oculta nas brumas da ingenuidade. Uma *causa* só pode ser *conhecida* se se inserir num sistema de causas, se passar por um *exame causal*. Não existem verdadeiramente causas *excepcionais*. Uma causa excepcional é um *milagre*. Um milagre não instrui.

Ora, se seguirmos a desvalorização causal de David Hume, terá de se dizer que a causa mais banal possua em si um ressaibo de *excepção*. É uma excepção banalizada. É preciso esperá-la, *sem razão* para a esperar, como uma excepção.

E, depois, a *sucessão* pura das causas e dos efeitos é uma sucessão no *tempo humano*, num tempo expresso em experiências de sujeitos. Eis um tecido de malha demasiado cerrada. Não é possível seguir linearmente o fluxo causal. Ele é sempre expresso de posição para posição.

E é a *racionalidade* que dá o sinal da partida, garantindo dogmaticamente que o fenómeno efeito se produzirá à chegada. Toda a causa expressa é uma causa de arranque. Não conhecemos nenhuma causa de desenvolvimento. Tudo, felizmente, se transformará quando tivermos matematizado a continuidade do tempo, quando tivermos substituído a noção antropomórfica de causa pela noção científica de função, quando tivermos estabelecido, através de uma técnica da causalidade, princípios de encadeamentos.
O sujeito individual será, então, eliminado. Mais exactamente, far-se-á a inversão decisiva que permite pensar a causalidade sob a forma de um poder do *sujeito indeterminado*. Mas este sujeito indeterminado não pode ser o sujeito empírico entregue ao empirismo do conhecimento. É o sujeito que conhece claramente as certezas da sua generalidade, é o sujeito racional, é o sujeito que possui as garantias de ser sujeito de um racionalismo docente, de um poder de transmissão do conhecimento racional, é, numa palavra, o sujeito da cidade científica.
Pela racionalidade das causas expostas numa matemática das funções tem-se a garantia do acesso à dupla objectividade do racional e do real. Sob as suas formas primitivas, a causalidade era magia e animismo, isto é, estava ligada aos níveis de coalescência do inconsciente, onde tudo se encontra misturado numa nebulosa psíquica. Na sua forma científica mais avançada, na sua forma matemática bem elaborada, *a causalidade é génio*. Basta ir à história das ciências para disso nos convencermos: todas as grandes causas, todos os grandes princípios têm um patronímico. A atracção na razão inversa do quadrado das distâncias é «newtoniana». A *causa eléctrica* está ligada ao génio humano, a génios humanos tão numerosos que se tornam docemente anónimos. Se o homem não existisse sobre a terra, não existiam outras causalidades eléctricas além da que vai do raio ao trovão: um relâmpago e barulho. Só a sociedade pode lançar electricidade num

fio; só ela pode dar aos fenómenos eléctricos a causalidade linear do fio, com os problemas das ramificações. Poincaré fazia notar que, se a história científica tivesse querido que a telegrafia sem fios fosse descoberta antes da telegrafia com fios, esta teria sido um aperfeiçoamento da primeira. É impossível transmitir o som de um continente a outro através de meios naturais, por mais potente que seja o porta-voz. O intermediário electrónico é indispensável, e esse intermediário é humano, é social. Acima da biosfera e abaixo da inosfera, o homem determinou uma radioesfera submetida a uma causalidade eminentemente técnica. Sem dúvida, essa técnica pode ser perturbada por parasitas, por modificações magnéticas. Mas esses parasitas, essas desordens *naturais*, essas desordens causadas pela natureza, levam-nos tão-só a uma melhor compreensão do poder de organização racional e técnica que a limita, que os anula. A *causalidade técnica* estabelece-se solidamente, *apesar* da causalidade caótica natural (...). Assim, o determinismo torna-se uma doutrina geral depois, e não antes, da especificação dos determinismos particulares. Situá-lo como determinismo universal seria confundir os esforços de especificação, embargar o esforço humano de determinação particular. Cair-se-ia numa espécie de *fatalismo da matéria* muito diferente do materialismo técnico. (*Activité*, Conclusion, pp. 220-222.)

III
A PSICANÁLISE
DO CONHECIMENTO OBJECTIVO

A. Princípios

1. *A noção de «obstáculo epistemológico»*

73. Quando se procuram as condições psicológicas dos progressos da ciência, em breve se chega à convicção de que *é em termos de obstáculos que se deve pôr o problema do conhecimento científico*. E não se trata de considerar obstáculos externos, como a complexidade e a fugacidade dos fenómenos, nem tão-pouco de incriminar a fraqueza dos sentidos e do espírito humano: é no próprio acto de conhecer, intimamente, que aparecem, por uma espécie de necessidade funcional, lentidões e perturbações. É aqui que residem causas de estagnação e mesmo de regressão, é aqui que iremos descobrir causas de inércia a que chamaremos obstáculos epistemológicos. O conhecimento do real é uma luz que sempre projecta algures umas sombras. Nunca é imediato e pleno. As revelações do real são sempre recorrentes. O real nunca é «aquilo que se poderia crer», mas é sempre aquilo que se deveria ter pensado. O pensamento empírico é claro, fora de tempo, quando o aparelho das razões já foi afinado. Ao desdizer um passado de erros, encontramos a verdade num autêntico arrependimento intelectual. Com efeito, nós conhecemos *contra* um conhecimento anterior, destruindo conhecimentos mal feitos, ultrapassando aquilo que, no próprio espírito, constitui um obstáculo à espiritualização.

A ideia de partir do zero para fundar e aumentar algo que se pretende, só pode vir de culturas de simples justaposição, nas quais um facto conhecido constitui imediatamente uma riqueza. Mas, perante o mistério do real, a alma não pode, por decreto, fazer-se ingénua. Torna-se então impossível, de um só golpe, fazer tábua rasa dos conhecimentos usuais. Face ao real, aquilo que se julga saber claramente ofusca aquilo que se deveria saber. Quando se apresenta à cultura científica, o espírito nunca é jovem. É mesmo muito velho, pois tem a idade dos seus preconceitos. Ter acesso à ciência é, espiritualmente, rejuvenescer, é aceitar uma mutação brusca que deve contradizer um passado.

A ciência, na sua necessidade de aperfeiçoamento como no seu princípio, opõe-se radicalmente à opinião. Se, por acaso, sobre um ponto particular, legitimar a opinião, será por razões diferentes das que fundamentam a opinião, de modo que a opinião, legitimamente, nunca tem *razão*. A opinião *pensa* mal; ela não *pensa*: traduz necessidades em conhecimentos. Ao designar os objectos pela sua utilidade, coíbe-se de os conhecer. Nada se pode fundar a partir da opinião; é necessário, antes de mais, destruí-la. Ela constitui o primeiro obstáculo a ultrapassar. Não bastaria, por exemplo, rectificá-la nalguns pontos específicos, mantendo, como uma espécie de moral provisória, um conhecimento vulgar provisório. O espírito científico proíbe-nos de ter uma opinião sobre questões que não compreendemos, sobre questões que não sabemos formular claramente. É preciso, antes de tudo, saber formular problemas. E, diga-se o que se disser, na vida

científica os problemas não se formulam a si próprios.
É precisamente o *sentido do problema* que dá a marca do
verdadeiro espírito científico. Para um espírito científico,
todo o conhecimento é uma resposta a uma questão. Se
não houver questão, não pode haver conhecimento científico. Nada é natural. Nada é ciado. Tudo é construído.
Um conhecimento adquirido por um esforço científico pode também declinar. A questão abstracta e livre
acaba por consumir-se: a resposta concreta permanece.
Por conseguinte, a actividade espiritual inverte-se e fica
bloqueada. Um obstáculo epistemológico incrusta-se no
conhecimento não questionado. Hábitos intelectuais
que foram úteis e sãos podem, com o tempo, estorvar a
pesquisa. «O nosso espírito (diz justamente M. Bergson)
tem uma tendência irresistível para considerar como mais
clara a ideia que lhe serve mais frequentemente.» A ideia
ganha, assim, uma claridade intrínseca abusiva. Com o
uso, as ideias *valorizam-se* indevidamente. Um valor em si
opõe-se à circulação dos valores. É um factor de inércia
para o espírito. Por vezes, uma ideia dominante polariza
um espírito na sua totalidade. Um epistemólogo irreverente afirmava, há cerca de vinte anos, que os grandes
homens são úteis à ciência, na primeira metade da sua
vida, e prejudiciais na segunda. O instinto formativo é de
tal maneira persistente nalguns homens de pensamento
que não nos devemos alarmar com esta observação espirituosa. Mas o instinto formativo acaba por ceder perante
o espírito conservativo. Chega uma altura em que o espírito gosta mais daquilo que confirma o seu saber do que
daquilo que o contradiz, prefere as respostas às perguntas. Passa então a dominar o instinto conservativo e o crescimento espiritual cessa. (*Formation*, pp. 14-16.)

74. A noção de *obstáculo epistemológico* pode ser estudada no desenvolvimento histórico do pensamento científico e na prática da educação. Tanto num caso como
noutro, não se trata de um estudo cómodo. A história,

no seu princípio, é, com efeito, hostil a todo o juízo normativo. E, no entanto, é necessário colocarmo-nos num ponto de vista normativo, se quisermos julgar a eficácia de um pensamento. Tudo aquilo que se nos depara na história do pensamento científico está bem longe de servir efectivamente a evolução desse pensamento. Certos conhecimentos, mesmo sendo justos, fazem cessar demasiado cedo pesquisas úteis. O epistemólogo tem, assim, de fazer uma triagem dos documentos recolhidos pelo historiador. Deve julgá-los do ponto de vista da razão, e mesmo do ponto de vista da razão evoluída, porque só nos nossos dias é que podemos julgar plenamente os erros do passado espiritual. Aliás, mesmo nas ciências experimentais, é sempre a interpretação racional que situa os factos na sua posição justa. É no eixo experiência-razão e no sentido da racionalização que se encontram a um tempo o risco e o sucesso. Só a razão dinamiza a pesquisa, pois só ela sugere, para além da experiência comum (imediata e especiosa) a experiência científica (indirecta e fecunda). É o esforço de racionalidade e de construção que deve reter a atenção do epistemólogo. Podemos ver aqui o que distingue o trabalho do epistemólogo do do historiador das ciências. O historiador das ciências tem de tomar as ideias como factos. O epistemólogo tem de tomar os factos como ideias, inserindo-os num sistema de pensamento. Um facto mal interpretado por uma época continua a ser um *facto* para o historiador. Para o epistemólogo, constitui um *obstáculo*, um contrapensamento.

É, sobretudo, aprofundando a noção de obstáculo epistemológico que se pode dar todo o seu pleno valor espiritual à história do pensamento científico. Muitas vezes, a preocupação pela objectividade, que leva o historiador das ciências a inventariar todos os textos, não chega ao ponto de avaliar as variações psicológicas na interpretação de um mesmo texto. Numa mesma época, a mesma palavra exprime conceitos tão diversos! O que nos engana é o facto de que a mesma palavra designa e explica ao mesmo tempo. A designação é a mesma; mas a explicação é diferente. Por exemplo, à palavra telefone correspondem conceitos que diferem totalmente para o assinante, para a telefonista, para o engenheiro e para o matemático, preocupado com as equações diferenciais da corrente telefónica. O epistemólogo deve, pois, esforçar-se por captar os conceitos científicos em sínteses psicológicas efectivas, isto é, em sínteses psicológicas progressivas, estabelecendo, a propósito de cada noção, uma escala de conceitos e mostrando como um conceito produziu outro, se ligou a outro. Só então terá alguma hipótese de avaliar uma eficácia epistemológica. Em breve o pensamento científico surgirá como uma dificuldade vencida, como um obstáculo ultrapassado.

Na educação, a noção de obstáculo pedagógico é igualmente desprezada. Muitas vezes me tenho impressionado com o facto de os professores de ciências, mais ainda, se possível, do que os outros, não compreenderem que não se compreenda. Muito poucos são aqueles que investigaram a psicologia do erro, da ignorância e da irreflexão. (...) Os professores de ciências imaginam que o espírito começa à semelhança de uma lição, que é sempre possível refazer um estudo indolente repetindo uma aula, que é sempre possível fazer compreender uma demonstração repetindo-a ponto por ponto. Não reflectiram no facto de que o adolescente chega à aula de física com conhecimentos empíricos já constituídos: trata-se, então, não de *adquirir* uma cultura experimental, mas sim de *mudar* de cultura experimental, eliminar os obstáculos já acumulados pela vida quotidiana. Basta um exemplo: o equilíbrio dos corpos flutuantes é objecto de uma intuição familiar que é uma teia de erros. De uma maneira mais ou menos nítida, atribui-se uma actividade ao corpo que flutua, melhor dizendo, ao corpo que *nada*. Se tentarmos, com a mão, afundar um pedaço de madeira na água, ele resiste. Não se atribui facilmente a resistência à água. Torna-se, então, bastante difícil fazer compreender o princípio de Arquimedes, na sua espantosa simplicidade matemática, se não tivermos previamente criticado e desorganizado o complexo impuro das intuições primárias. Sem esta psicanálise dos erros iniciais, não será possível, em particular, fazer compreender que o corpo que emerge e o corpo completamente submerso obedecem à mesma lei. Assim, toda a cultura científica deve começar, como teremos oportunidade de explicar longamente, por uma catarse intelectual e afectiva. Resta-nos, depois, a tarefa mais difícil: colocar a cultura científica em estado de mobilização permanente, substituir o saber fechado e estático por um conhecimento aberto e dinâmico, dialectizar todas as variáveis experimentais, dar, por último, à razão razões para evoluir.

Estas observações poderiam, aliás, ser generalizadas: são mais visíveis no ensino científico, mas são válidas a propósito de todo o esforço educativo. No decurso de uma carreira já longa e diversa, nunca vi um educador mudar de método de educação. Um educador não tem o *sentido do fracasso* precisamente porque se julga um mestre. Quem ensina comanda. Daí um fluxo de instintos. Von Monakow e Mourgue notaram precisamente esta dificuldade de reforma nos métodos de educação ao invocarem o peso dos instintos nos educadores([43]). «Há indivíduos a quem todo o conselho relativo aos *erros educativos* que cometem é absolutamente inútil, porque esses supostos erros não são senão a expressão de um comportamento instintivo.» Na realidade, von Monakow e Mourgue visam «indivíduos psicopatas», mas a relação psicológica de mestre a aluno é uma relação facilmente patogénica. O educador e o educando despendem de uma psicanálise especial. Em todo o caso, o exame das formas inferiores do psiquismo não deve ser negligenciado se quisermos

---

([43]) Gérard Varet, *Essai de psychologie objective. L'ignorance et l'irréflexion*, Paris, 1898.

caracterizar todos os elementos da energia espiritual e preparar uma regulação cógnito-afectiva indispensável ao progresso do espírito científico. Mais precisamente, descobrir os obstáculos epistemológicos é contribuir para fundar os rudimentos de uma psicanálise da razão. (*Formation*, pp. 16-19.)

2. *Alguns obstáculos*

a) *A experiência inicial*

75. Na formação de um espírito científico, o primeiro obstáculo é a experiência inicial, é a experiência situada antes e acima da crítica, que é necessariamente um elemento integrante do espírito científico. Dado que a crítica não operou explicitamente, a experiência inicial não pode, em caso algum, constituir um apoio seguro. Daremos inúmeras provas da fragilidade dos conhecimentos iniciais, mas opomo-nos desde já nitidamente a essa filosofia fácil que se baseia num sensualismo mais ou menos sincero, mais ou menos romanceado, e que pretende receber directamente as suas lições de um *dado* claro, nítido, seguro, constante, sempre oferecido a um espírito sempre aberto.

Eis, então, a tese filosófica que iremos defender: o espírito científico tem de se formar *contra* a Natureza, contra aquilo que, em nós e fora de nós, é o impulso e a instrução da Natureza, contra o entusiasmo natural, contra o facto colorido e variado. O espírito científico tem de se formar deformando-se. Perante a Natureza, ele não pode instruir-se senão purificando as substâncias naturais e ordenando os fenómenos misturados. A própria Psicologia tornar-se-ia científica se se tornasse discursiva como a Física, se se apercebesse de que em nós, assim como fora de nós mesmos, só compreendemos a Natureza resistindo-lhe. Segundo a nossa perspectiva, a única intuição legítima em

Psicologia é a intuição de uma inibição. Mas não é altura de desenvolver esta psicologia essencialmente reaccional. Queremos apenas fazer notar que a psicologia do espírito científico, que aqui expomos, corresponde a um tipo de psicologia que pode ser generalizado.

É bastante difícil captar de imediato o sentido desta tese, porque a educação científica elementar, nos nossos dias, introduziu, entre a natureza e o observador, um livro muito correcto, muito corrigido. Os livros de Física, pacientemente copiados uns dos outros desde há um meio século, fornecem às crianças uma ciência bastante socializada, bastante imobilizada e que, graças à permanência muito curiosa do programa dos cursos universitários, chega a passar por *natural*; mas não o é de modo algum; já não o é. Não se trata já da ciência da rua e dos campos. É *uma* ciência elaborada num mau laboratório, mas que traz, apesar disso, a feliz marca do laboratório. Por vezes, é o sector da cidade que fornece a corrente eléctrica que nos traz assim os fenómenos dessa *antíphysis*, na qual Berthelot reconhecia a marca dos tempos novos (*Cinquantenaire scientijique*, p. 77); as experiências e os livros estão agora de certa maneira desligados das observações iniciais.

O mesmo não sucedia durante o período pré-científico do séc. XVIII. Nessa altura, o livro de ciências podia ser um bom ou um mau livro. Mas não era *controlado* por um ensino oficial. Quando trazia a marca de um controlo, era muitas vezes o de uma dessas academias de província, recrutadas entre os espíritos mais confusos e mundanos. O livro *partia* então da natureza, interessava-se pela vida quotidiana. Era um livro de vulgarização para o conhecimento vulgar, sem a base espiritual que faz por vezes dos nossos livros de vulgarização livros de alto nível. Autor e leitor pensavam ao mesmo nível. A cultura científica era como que esmagada pela massa e variedade dos livros secundários, muito mais numerosos do que os livros de valor. É, pelo contrário, muito significativo que, na nossa

época, os livros de vulgarização científica sejam livros relativamente raros. Abri um livro do ensino científico moderno: a ciência é apresentada em conexão com uma teoria de conjunto. O carácter orgânico é aí tão evidente que seria bem difícil saltar capítulos. Mal se lêem as primeiras páginas, vê-se que o senso comum deixa de poder falar; deixam igualmente de se ouvir as perguntas do leitor. A frase *Amigo leitor* seria de bom grado substituída por um aviso severo: aluno, toma atenção! O livro põe as suas próprias questões. O livro comanda.
Abram um livro científico do séc. XVIII e aperceber-se-ão de que está enraizado na vida quotidiana. O autor conversa com o seu leitor como um conferencista de salão. Partilha os interesses e anseios *naturais*. Trata-se, por exemplo, de descobrir a causa do Trovão? Fala-se ao leitor do temor do Trovão, tentando mostrar-lhe que esse temor é vão, e não resistindo a repetir-lhe a velha observação: quando rebenta o trovão, o perigo já passou, pois só o relâmpago pode matar. O livro do abade Poncelet([44]) traz, na primeira página do Prefácio: «Ao escrever sobre o Trovão, a minha principal intenção foi sempre a de moderar, na medida do possível, as impressões incómodas que esse fenómeno atmosférico produz habitualmente sobre uma infinidade de Pessoas de todas as idades, seja qual for o sexo e a condição social. Quantas vezes não as tenho visto passar os dias em agitações violentas e as noites em mortais inquietações?» O abade Poncelet consagra um capítulo inteiro, que acaba por ser o mais longo do livro (pp. 133 a 135), a Reflexões sobre o medo causado pelo trovão. Distingue quatro tipos de medos, que analisa em pormenor. Qualquer leitor tem, assim, a possibilidade de encontrar no livro os elementos do seu diagnóstico. Este diagnóstico era útil, pois a hostilidade da Natureza parecia então, de certa forma,

---

([44]) Abbé Poncelet, *La nature dans la formation du Tonnerre et la reproduntion des Etres vivantes*, 1769.

mais directa. Actualmente, as nossas causas dominantes de ansiedade são causas humanas. É do próprio homem que, hoje em dia, o homem pode sofrer maiores danos. Os fenómenos naturais estão desarmados, porque estão explicados. Para melhor se compreender a diferença das mentalidades no decurso de um século e meio, vejamos se a seguinte página, tirada do *Werther* de Goethe, corresponde ainda a uma realidade psicológica: «Antes do fim da dança, os relâmpagos, que há muito víamos brilhar no horizonte, mas que, até então, eu fizera passar por cintilações devidas ao calor, aumentaram consideravelmente; e o barulho do trovão sobrepôs-se ao da música. Três damas saíram precipitadamente das suas filas, os cavalheiros que as acompanhavam fizeram o mesmo, a desordem tornou--se geral e os músicos calaram-se... É a estas causas que atribuo os comportamentos estranhos aos quais vi várias dessas damas entregar-se. A mais razoável sentou-se num canto, voltando as costas para a janela e tapando os ouvidos. Uma outra, ajoelhada diante da primeira, escondia a cabeça nos joelhos desta. Uma terceira introduziram no meio das suas duas irmãs, que abraçava ao mesmo tempo que vertia torrentes de lágrimas. Algumas queriam voltar para casa; outras, ainda mais desorientadas, nem sequer tinham a presença de espírito suficiente para se defenderem da temeridade de alguns jovens audaciosos, que pareciam muito preocupados em recolher, dos lábios dessas belezas aflitas, as orações que, no seu temor, dirigiam ao céu...» Creio que seria impossível incluir semelhante descrição num romance contemporâneo. Tanta puerilidade acumulada pareceria irreal. Nos nossos dias, o medo do travão está dominado. Só age na solidão. Não pode perturbar uma sociedade porque, socialmente, a teoria do trovão está inteiramente *racionalizada*; as vesânias individuais são apenas singularidades que se ocultam. Todos se ririam da hospedeira de Goethe, que fecha as janelas e baixa as persianas para proteger um baile. (*Formation*, cap. III, pp. 23-25.)

b) *Obstáculo «realista»*

76. Se quisermos tentar caracterizar bem a sedução da ideia de substância, não devemos recear ir procurar o seu princípio até ao inconsciente, onde se formam as preferências indestrutíveis. A ideia de substância é uma ideia tão clara, tão simples, tão pouco discutida que deve repousar numa experiência muito mais íntima do que qualquer outra. Partiremos, pois, de algumas observações que parecerão, à primeira vista, exageradas. Nós próprios nos sentimos chocados com elas, no início das nossas reflexões. Além disso, as intermináveis leituras que fizemos dos livros alquímicos e as pesquisas psicológicas que tivemos ocasião de realizar no decurso de um ensino já longo e diverso colocaram-nos em presença de convicções substancialistas de tal maneira ingénuas que não hesitamos mais em fazer do realismo um instinto e em propor para ele uma psicanálise especial. Com efeito, não só a convicção inicial do realismo não é discutida como nem sequer é ensinada. De forma que o realismo pode, com justiça – o que, quanto a nós, não abona em seu favor – chamar-se a única filosofia inata. Para a julgarmos correctamente, é mesmo necessário ultrapassar o plano intelectual e compreender que a substância de um objecto é aceite como um bem pessoal. Apoderarmo-nos dela espiritualmente como nos apoderamos de um benefício evidente. Ouçam os argumentos de um realista: possui *imediatamente* uma vantagem sobre o seu adversário, porque, segundo crê, está do lado do real, porque *possui a riqueza* do real, enquanto que o seu adversário, filho pródigo do espírito, corre atrás de vãs quimeras. Na sua forma ingénua, na sua forma afectiva, a certeza do realista procede de uma alegria de avaro. Para precisar melhor a nossa tese, afirmemos mesmo num tom polémico: do ponto de vista psicanalítico e nos excessos da ingenuidade, todos os realistas são mesquinhos. Reciprocamente, e desta vez sem reservas, todos os mesquinhos são realistas.

A psicanálise que seria preciso instituir para a cura do substancialismo é a psicanálise do *sentimento do ter*. O complexo que seria necessário dissolver é o complexo do pequeno lucro a que poderíamos chamar, para sermos breves, o complexo de Harpagão. É o complexo do pequeno lucro que atrai a atenção para as pequenas coisas, que não *devem* perder-se, pois, uma vez perdidas, já não se recuperam. Por isso um objecto *pequeno* é guardado com uma grande atenção. O vaso frágil é aquele que dura mais tempo. Não perder nada é, assim, à primeira vista, uma prescrição normativa. Esta prescrição torna-se depois uma descrição; passa do normativo ao positivo. E, finalmente, vem o axioma fundamental do *realismo não provado*: Nada se perde, nada se cria, é uma máxima de avaro. (*Formation*, cap. VII, pp. 131--132.)

77. Mas é altura de marcar mais fortemente, mais directamente, as alegrias do possuidor e as seguranças objectivas trazidas pelo manuseamento de certas substâncias. A pedra preciosa é pequena e é muito valiosa. Concentra a riqueza. É, pois, adequada para concentrar a doce meditação do proprietário. Dá a clareza da evidência ao complexo do pequeno lucro. Normalmente, o complexo do pequeno lucro desenvolve-se a partir de objectos insignificantes: é o complexo de Laffitte apanhando um alfinete do chão. Mas que este desvio não nos iluda sobre o princípio da avareza inteligente: possuir muito num volume mínimo. Voltamos à necessidade da concentração dos bens. Malouin considera «uma das grandes vantagens da química reduzir, por vezes, os medicamentos a um volume mínimo, sem lhes enfraquecer a virtude». Ainda nos nossos dias, um radiologista em cada dois não resiste a comunicar ao seu cliente que um pequeno tubo de rádio contém cem mil francos. Outrora, os alquimistas guardavam o seu pó de projecção num pequeno estojo. Consideravam o ouro como uma *concen-*

tração de virtudes([45]). «O ouro... possui as virtudes amplas do Sol concentradas no seu corpo.» De Locques diz também No ouro, a natureza «concentrou as virtudes até ao infinito»([46]). Por esta última expressão sente-se bem que é o inconsciente que encontra no ouro a causa ocasional de todos os seus sonhos.

A contradição íntima do fraco volume e do alto preço é reforçada por uma outra: a pedra preciosa brilha e esconde-se. Ela é tanto a fortuna ostensiva como a fortuna dissimulada, a fortuna do pródigo e a fortuna do avarento. O mito do tesouro escondido é impossível sem esta condensação dos bens. Este mito anima gerações sucessivas. O pai de Villieres de L'Isle-Adam levou toda a sua vida a procurar o ouro enterrado pelos seus antepassados. Villiers de L'Isle-Adam *realizou* a aspiração de seu pai ao escrever *Axel*. Tudo o que é raro está «escondido». O ouro esconde-se, tal como nós escondemos o ouro. O melhor é o que está mais escondido. Certos alquimistas atribuem, assim, à natureza um comportamento de avarento. Thomas Sonnet afirma, sem provas: «A natureza selecciona e escolhe, para a geração do ouro, uma mina e pedreira particularmente encerrada e oculta no seio da Terra.» ([47])

Por isso, o ouro deslumbra e atrai. Mas este deslumbramento e esta atracção serão metáforas? Lemos na *Chimie médicinale* de Malouin, impressa em 1755 (t. II, p. 5): «Observei, no Jardim Real, uma certa alegria pintada no rosto dos ouvintes, à vista do ouro que lhes mostrávamos antes de fazer a sua dissolução.» Eu próprio observei muitas vezes o mesmo facto: quando, no liceu, se fazia

---

([45]) *Lettre philosophique*. Obra muito considerada por aqueles que se comprazem nas verdades herméticas, trad. do alemão por Antoine Duval, Paris, 1723, p. 47.

([46]) Nicolas de Locques. *Élements philosophiques des arcanes et dudissolvant general, de leurs vertus, propriétés et effets*, Paris, 1668, p. 49.

([47]) Thomas Sonnet, Satyre contre les charlatons et pseudo-méde-cines *empyriques*, Paris, 1610, p. 194.

a experiência da dissolução da folha de ouro na água de cloro, perguntava a mina mesmo, cheio de escrúpulos: Será que se *perde* a folha de ouro? Esta morte de uma riqueza perfeita, de uma riqueza indiscutida, provocava, na aula, um instante dramático. Perante este interesse apaixonado, explica-se mais facilmente por que razão Malouin continua afirmando com toda a tranquila dade que (p. 6): «O ouro (diz Mathiole sobre Discórides) possui uma certa virtude atractiva, pela qual alivia o coração daqueles que o olham.» Assim, este bom químico do séc. XVIII passa insensivelmente da alegria pintada no rosto, sinal de um reconforto ambíguo, para uma acção tónica positiva sobre a mais nobre das vísceras. Mais um passo e, por assim dizer, acabaria por digerir a sua alegria para nos recordar que a digestão é o indicativo mais doce e mais seguro das possessões. Malouin escreve realmente: o ouro é «um bom remédio para a desinteria». (*Formation*, pp. 138-139.)

c) *Obstáculo «animista»*

78. A palavra *vida* é uma palavra mágica. É uma palavra valorizada. Qualquer outro princípio fica obscurecido quando se pode invocar um princípio *vital*. O livro do conde de Tressan (dois tomos de 400 páginas cada) estabelece uma síntese que reúne todos os fenómenos na base apenas da intuição de uma matéria *viva* que comanda uma matéria *morta*. E, porque o fluido eléctrico é essa matéria *viva*, anima e move todo o universo, os astros e as plantas, os corações e os germes. É a fonte de toda a actividade, de toda a fermentação, de todo o crescimento, porque é «repulsiva para consigo mesmo». Nesta obra, facilmente se pode surpreender a intuição de uma intensidade de certa forma indefinida, inesgotável, pela qual o autor condensa um *valor* vital num material infinitamente pequeno. Sem qualquer prova, pela simples sedução de uma afirmação valorizante, o autor atribui um poder sem limites a alguns elementos. É mesmo um sinal de poder escapar à experiência. «A matéria morta é inerte e sem forma orgânica, a matéria viva é um milhão de vezes mais ténue do que a mais pequena molécula de matéria morta, que o melhor microscópio nos possa revelar...» Por muito que procuremos no enorme tratado do conde de Tressan, não encontraremos nada que possa provar essa tenuidade, nada que possa legitimar essa substancialização de um impulso vital. Há apenas, mais uma vez, as metáforas sedutoras da vida. E não se trata da intuição de um autor apenas. O conde de Lacépède escreve como um axioma, em 1781: «A expansibilidade não pode adequar--se de forma alguma à matéria morta» ([48]). Todo o impulso é vital.

A vida marca as substâncias que anima de um *valor* indiscutido. Quando uma substância deixa de estar animada, perde algo de essencial. Uma matéria que abandona um ser vivo perde propriedades importantes. A cera e a seda estão neste caso: por isso, nem uma nem outra é electrizável. Levando mais longe este raciocínio, a cera e a seda não passam, na realidade, de excrementos dos corpos que foram em vida» (p. 13). (*Formation*, cap. VIII, pp. 154-155.)

d) A «*libido*»

79. Uma psicanálise completa do inconsciente científico deveria empreender um estudo de sentimentos mais ou menos directamente inspirados pela libido. Seria particularmente necessário examinar a vontade de poder que a libido exerce sobre as coisas e sobre os animais. Trata-se, sem dúvida, de um desvio da vontade de poder

---

(48) Conde de Lacépède, *Essai sur l'électricité naturelle et artificielle*, 2 vols.. Paris, 1781, t. II, p. 32.

que, em toda a sua plenitude, é uma vontade de dominar os homens. Este desvio será, talvez, uma compensação. Em todo o caso, é muito evidente perante representações reputadas perigosas. Daremos apenas um exemplo que nos parece de uma psicanálise especial. É o caso de um orgulho vencido, de um poder ostensivo, sintoma de uma impotência latente. Iremos ver um orgulhoso taumaturgo apanhado na sua própria armadilha.

A visão de certos objectos, de certos seres vivos, está carregada de uma tal massa de afectividade que é interessante surpreender os fracassos dos *espíritos fortes*, que se aventuram a estudá-los. Eis um divertido relato do abade Rousseau([49]) (p. 134): «Von Melmont afirma que, se metermos um sapo num recipiente suficientemente fundo para que não possa de lá sair, e se o olharmos fixamente, o animal, após ter feito os esforços para sair do recipiente e fugir, volta-se, olha-nos fixamente e, poucos momentos depois, cai morto. Van Helmont atribui este efeito a uma ideia de medo horrível que o sapo concebe à vista do homem. A qual, pela atenção assídua, excita-se e exalta-se ao ponto de o animal ficar sufocado. Repeti esta experiência quatro vezes, e pude constatar que van Helmont dissera a verdade. Na ocasião da minha terceira experiência, que ocorreu no Egipto, um turco que estava presente aclamou-me como um santo, por ter morto com o olhar um animal que eles acreditam ter sido criado pelo Diabo...»

Eis o taumaturgo em toda a sua glória! Vejamos agora a derrota, que nos irá permitir ver bem a exacta ambivalência de uma *coragem tão* mal utilizada. «Mas, ao ter pretendido fazer pela última vez a mesma coisa em Lyon... Longe de ter sido o sapo a morrer, fui antes eu que pensei estar às portas da morte. O animal, após ter tentado inutilmente sair, virou-se para mim; e, inchando extraordinariamente e elevando-se nas quatro patas, resfolegava

---

([49]) Abade Rousseau, *Secrets et remedes éprouvés*, Paris, 1747, p. 134.

impetuosamente sem sair do mesmo lugar, olhando-me assim sem mexer os olhos, que eu via sensivelmente ficarem vermelhos e inflamados; assaltou-me então uma fraqueza universal, que me levou de imediato ao desmaio, acompanhado de suores frios e de soltura pelos intestinos e pelas urinas, de modo que me julgaram morto. Na altura, só tinha comigo Teriaga e pó de Víbora, dos quais me deram uma grande dose que me reanimou; e continuei, durante oito dias, a tomá-la de manhã e à noite, enquanto durou a minha fraqueza. Não me é permitido revelar todos os efeitos espantosos de que sei que este animal é capaz.»

Parece-nos que esta página é um belo exemplo da *concretização* do medo que perturba tantas culturas pré--científicas. A valorização do pó de víbora é devida, em parte, a um medo dominado. O triunfo contra a repugnância e o perigo é suficiente para valorizar o objecto. O medicamento torna-se, assim, um trofeu. Pode muito bem fortalecer um *recalcamento* e este recalcamento, de certa forma materializado, pode ajudar o inconsciente. Facilmente se chegaria à doutrina de que é preciso tratar os estúpidos de uma maneira estúpida, e de que o inconsciente tem necessidade de uma *descarga* feita por processos grosseiramente materialistas, grosseiramente concretos. (*Formation*, cap. X, pp. 207-209.)

80. Poder-se-á acrescentar que já se gastaram todas as metáforas e que o espírito moderno, pela própria mobilidade das metáforas, triunfou das seduções afectivas que deixaram de entravar o conhecimento dos objectos. Se quisermos, no entanto, examinar o que se passa num espírito em formação, colocado perante uma experiência nova, surpreender-nos-á o facto de encontrarmos, antes de mais, pensamentos sexuais. Assim, é muito sintomático que uma reacção química em que entram em jogo dois corpos diferentes seja imediatamente sexualizada, por vezes de uma maneira dificilmente atenuada, pela

determinação de um dos corpos como activo e do outro como passivo. Quando ensinava química, pude constatar que, na reacção de um ácido com uma base, a quase totalidade dos alunos atribuía o papel activo ao ácido e o papel passivo à base. Aprofundando um pouco o inconsciente, não nos tardamos a aperceber de que a base é feminina e o ácido masculino. O facto de o produto resultante ser um sal *neutro* não deixa de ter um certo eco psicanalítico. Boerhaave fala ainda de sais hermafroditas. Tais concepções são verdadeiros obstáculos. É por isso que a noção de sais básicos é uma noção mais difícil de fazer admitir no ensino elementar do que a noção de sais ácidos. O ácido recebeu um privilégio de explicação pelo simples facto de ter sido considerado como activo em relação à base.

Eis um texto do séc. XVII que pode levar às mesmas conclusões. «O ácido fermenta com o alcali, porque, uma vez introduzida a sua pequena ponta em qualquer um dos poros, e, não tendo perdido o movimento, esforça-se por avançar mais. Por este meio, alarga as partes, de forma que o pouco ácido contido no alcali, não estando já tão apertado, junta-se ao seu libertador para, em conjunto, sacudir o jugo que a natureza lhe tinha imposto.» Um espírito científico, seja ele de formação racionalista ou de formação experimental, geómetro ou químico, não encontrará nesta página nenhum elemento de reflexão, nenhuma questão razoável, nenhum esquema descritivo. Nem sequer a pode criticar, tal a distância que separa a explicação figurada da experiência química. Um psicanalista, pelo contrário, não terá dificuldade em pôr a nu o âmago exacto da convicção.

Se soubéssemos provocar confidências sobre o estado de alma que acompanha os esforços de conhecimento objectivo, muitos traços se encontrariam dessa simpatia muito sexual por certos fenómenos químicos. Julles Renard transcreve, no seu *Journal* (I, p. 66), o seguinte devaneio, ligado com toda a evidência a recordações de estudante: «Fazer um idílio com o amor de dois metais. Vimo-los primeiro inertes e frios entre os dedos do professor mediador; depois, sob a acção do fogo, misturarem-se, impregnarem-se mutuamente e identificarem-se numa fusão absoluta, tal como nunca o hão-de realizar os amores mais inflamados. Um deles cedia já, liquefazendo-se por uma ponta, dissolvendo-se em gotas esbranquiçadas e crepitantes...» Estas linhas são muito claras para um psicanalista. Já não o são tanto para uma interpretação realista. É, de facto, muito difícil determinar a *realidade* que Jules Renard viu. Fazem-se poucas ligas de *metais* no ensino elementar, e os metais não cedem assim tão facilmente, liquefazendo-se por uma ponta. Temos, pois, fechada aqui a via da interpretação objectiva e inteiramente aberta a via da interpretação psicanalítica. É, aliás, bastante picante ver um ironista tão desajeitado a procurar esconder os seus desejos e hábitos de colegial. (*Formation*, cap. X, pp. 195-196.)

B. Ilustrações históricas

1. *«Extensão abusiva de uma imagem familiar»*

a) *Uma pobre palavra*

81. Iremos agora tomar a pobre palavra *esponja* e veremos que ela permite *exprimir* os mais variados fenómenos. Esses fenómenos exprimem-se: julga-se que se explicam. Reconhecem-se: crê-se que os conhecem. Nos fenómenos designados pela palavra *esponja*, o espírito, no entanto, não é vítima de um poder substancial. A função da *esponja* é de uma evidência clara e distinta, a tal ponto que não se sente a necessidade de a explicar. Ao explicar os fenómenos pela palavra esponja, não se tem a impressão de cair num substancialismo obscuro; também não se tem a impressão de estar a fazer *teoria*, dado que esta função é

inteiramente experimental. À esponja corresponde, pois, um *denkmitte*(*) do empirismo ingénuo. Recorramos imediatamente a um autor importante, reportando-nos a um artigo de Réaumur publicado nas *Mémoires de l'Académie royale des Sciences*, em 1731 (p. 281): «Uma ideia bastante vulgar é a de considerar o ar como algodão, lã ou uma esponja, e muito mais esponjoso ainda do que o são todos os outros corpos ou grupos de corpos aos quais estes podem ser comparados. Esta ideia revela-se perfeitamente apta para explicar a razão por que o ar se deixa comprimir consideravelmente pelos pesos, por que pode ser extremamente rarefeito e ficar com um volume que ultrapassa consideravelmente aquele sob o qual o víramos anteriormente.» Provido deste instrumental metafórico, Réaumur vai responder a Mariotte, que trouxera entretanto alguma luz ao assimilar o fenómeno da dissolução do ar na água à dissolução de um sal. Penso, diz Réaumur (p. 382), «que Mariotte não tinha necessidade de levar tão longe a sua hipótese; parece-me que, em vez de supor que a água pode dissolver o ar, dissolução essa, aliás, muito difícil de conceber, se nos contentarmos em supor que ela pode penetrá-lo, molhá-lo, temos o que precisamos para explicar os fenómenos que estão aqui em causa». Se seguirmos em pormenor a explicação de Réaumur, aperceber-nos-emos do que é uma *imagem generalizada*, expressa numa só palavra, *leitmotiv* de uma intuição sem valor. «Continuemos a considerar o ar como semelhante, a sua estrutura, aos corpos esponjosos, daqueles que a água pode penetrar, pode embeber, e deixaremos de nos surpreender pelo facto de que o ar, que fica contido na água, deixa de ser compressível e ocupa, na água, pouco espaço. Se envolver uma esponja numa membrana impermeável e a conservar suspensa dentro de água, por intermédio de qualquer fio preso no fundo

---

(*) Em alemão no original. A letra, significa «auxiliar de pensamento». *(N. do T.).*

do vaso, a esponja ficará então tão compressível como era no meio do ar.

Se, por intermédio de um pistão ou de qualquer outro processo, comprimirmos a água, esta descerá, a esponja será forçada a ocupar por muito menos volume, as suas partes serão obrigadas a ir ocupar os espaços vazios que tendem a conservar entre si, e a água ocupará o lugar abandonado pelas partes da esponja. Deixemos de comprimir a água, e a esponja regressará ao estado inicial... Se, em seguida, retirarmos à esponja a matéria impermeável com que a envolvemos, a água poderá insinuar-se no seu interior; dêmos-lhe o tempo suficiente para ocupar todos os espaços vazios entre os fios esponjosos, após o que, se recorrermos, uma vez mais, ao pistão para comprimir a água, verificaremos que ele não cederá como da primeira vez, ou cederá muito pouco. A esponja tornou-se então incompressível, ou quase incompressível; as suas partes, comprimidas, não encontram mais espaços vazios que possam ocupar, pois estão cheios de água; a água que neles se alojou neutraliza o esforço daquelas que tende a expulsá-la. Se o ar pode, tal como a esponja, ser penetrado pela água, se esta pode ocupar os espaços vazios entre as suas partes, então o ar deixa de ser compressível.»

Sentimos necessidade de pedir desculpa ao leitor pela citação desta página interminável, desta página tão mal escrita, de um autor célebre. Mas muitas outras lhe foram poupadas, do mesmo estilo, em que Réaumur explica interminavelmente os fenómenos pelo carácter esponjoso. Necessitávamos, no entanto, de um exemplo um pouco longo, onde a acumulação de imagens negasse com toda a evidência a razão, e onde o concreto reunido sem prudência constituísse um obstáculo à visão abstracta e nítida dos problemas reais.

Seguidamente, Réaumur não deixa de afirmar que o esquema proposto não passa de um esboço, sendo possível, naturalmente, dar às «esponjas do ar» formas muito diversas das da esponja ordinária. Mas todo o pensamento está informado por esta imagem, não pode sair da sua intuição inicial. Quando ele pretende apagar a imagem, a função da imagem persiste. Por isso Réaumur abstém-se de tirar conclusões sobre a forma «dos grãos do ar». Só exige, para a sua explicação, uma coisa (p. 286), «é que a água possa penetrar os grãos do ar». Por outras palavras, ele não se importa, no fim de contas, de sacrificar a esponja, mas pretende conservar a *esponjosidade*. Eis a prova de um movimento pura e simplesmente linguístico que, associando uma palavra abstracta a uma palavra concreta, crê ter feito avançar o pensamento. Uma doutrina da *abstracção coerente* necessita de um desprendimento muito maior em relação às imagens primitivas.

Mas talvez se veja melhor o carácter metafórico deficiente da explicação pela esponja se recorrermos a casos em que essa explicação é proposta para fenómenos menos imediatos. Franklin, por exemplo, escrevia([50]): «A matéria comum é uma espécie de esponja para o fluido eléctrico; uma esponja não receberia a água se as partes da água não fossem mais pequenas que os poros da esponja; recebê-la--ia muito lentamente se não houvesse uma atracção mútua entre as suas partes e as partes da esponja; esta última ficaria embebida muito mais rapidamente se a atracção recíproca entre as partes da água não constituísse um obstáculo, pelo que deve haver qualquer força usada para as separar; por último, a absorção seria muito rápida se, em vez de atracção, houvesse, entre as partes da água, uma repulsão mútua que acompanhasse a atracção da esponja. É precisamente o que sucede com a matéria eléctrica e a matéria comum.» Todos estes pormenores, todas estas suposições, todos estes esquemas cheios de correcções nos mostram muito claramente que Franklin procura aplicar as experiências eléctricas à primitiva experiência

---

([50]) Benjamin Franklin, *Expériences et observations sur l'électricité*, comunicadas em diversas cartas a P. Collinson, da Real Soc. de Londres, trad. Paris, 1752, p. 135.

da esponja. Mas Franklin só pensa no plano da esponja. A esponja é, para ele, uma verdadeira *categoria empírica*. Talvez que, na sua juventude, este simples objecto o tenha fascinado. É muito frequente. Tenho muitas vezes surpreendido crianças muito interessadas por um mata-borrão que «bebe» uma mancha de tinta.

Naturalmente, se recorrermos a autores subalternos, a aplicação será mais rápida, mais directa, se possível, menos vigiada. Nesse caso, a imagem explica automaticamente. Numa dissertação de P. Béraut encontramos condensada esta dupla explicação: os vidros e matérias vitrificáveis são «esponjas de luz, porque (são) todos penetrados pela matéria que constitui a luz; pela mesma razão, podemos afirmar que são todos esponjas de matéria eléctrica». Lémery chamava à pedra de Bolonha uma «esponja de luz» com maior precisão, pois esta pedra fosforescente retém, após exposição ao sol, uma certa quantidade «de matéria luminosa» que deixa depois escapar-se. Com a rapidez que irão ver, em três linhas, Marat explica o arrefecimento de um corpo quente mergulhado no ar ou na água[51]: «Aqui, o ar e a água agem apenas como esponjas; porque um corpo só arrefere outro que o toca se absorver o fluido ígneo que dele se escapa.»

Uma imagem tão clara pode ser, na aplicação, mais confusa e complicada. Assim, o abade de Mangin diz brevemente[52]: «O gelo, sendo uma esponja de água solidificada e gelada pela retirada do fogo, possui uma aptidão para absorver facilmente tudo o que se lhe apresente.» Parece que, neste último caso, assistimos à interiorização do carácter esponjoso. Este carácter é, aqui, uma aptidão para receber, para absorver. Seria fácil encontrar

---

[51] Marat, doutor em medicina e médico dos guardas pessoais de Monsenhor o conde de Antois. *Découvertes sur le Feu, l'Électricité et la Lumière*, constatadas numa sequência de experiências novas. Paris, 1779, p. 31.

[52] Abade de Mangin, *Question nouvelle et interessam sur l'électricité*, Paris, 1749, p. 38.

exemplos nos quais se descobrissem assim, insensivelmente, as instituições substancialistas. A esponja possui, então, um poder secreto, um poder primordial. Para o Cosmopolita: «A Terra é uma esponja e o receptáculo dos outros Elementos.» Um médico-parteiro chamado David considera útil esta imagem: «O sangue é uma espécie de esponja impregnada de fogo.» (*Formation*, cap. IV, pp. 74-76.)

b) *A física cartesiana: uma metafísica da esponja*

82. Podemos, aliás, encontrar exemplos em que grandes espíritos são, por assim dizer, bloqueados pela imagem inicial. Pôr em dúvida a clareza e a distinção da imagem que nos é dada pela esponja é, para Descartes, *subtilizar* sem razão as explicações (*Príncipes*, II, 7). «Não sei porque é que, quando se pretendeu explicar de que maneira um corpo se rarefaz, se preferiu afirmar que era pelo aumento da sua quantidade em vez de se usar o exemplo desta *esponja*.» Por outras palavras, a imagem da esponja é *suficiente* numa explicação particular, logo podemos utilizá-la para organizar experiências diversas. Porquê ir procurar mais longe? Porquê não pensar de acordo com este tema geral? Porquê não generalizar o que é claro e simples? Expliquemos, portanto, os fenómenos complicados com um material de fenómenos simples, exactamente como se esclarece uma ideia complexa decompondo-a em ideias simples.

O facto de os pormenores da imagem acabarem por ficar obscurecidos não nos deve levar a abandonar essa imagem. Retivemo-la num aspecto, e isso basta. A confiança de Descartes na clareza da imagem da esponja é muito sintomática da impotência em instalar a dúvida ao nível dos pormenores do conhecimento objectivo, em desenvolver uma dúvida discursiva que desarticularia todas as ligações do real, todos os ângulos das imagens.

A dúvida geral é mais fácil do que a dúvida *particular*. «E não devemos achar dificuldades em crer que a rarefacção se faça desta forma que afirmo, ainda que não nos apercebamos, por nenhum dos nossos sentidos, do corpo que enche (os poros de um corpo rarefeito), porque não há qualquer razão que nos obrigue a crer que devemos distinguir pelos nossos sentidos todos os corpos que nos rodeiam, e porque vemos que é muito fácil explicá-la desta maneira e que é impossível concebê-la diversamente.» Por outras palavras: uma esponja mostra-nos a esponjosidade. Mostra-nos como uma matéria particular «se enche» de outra matéria. Esta lição da *plenitude heterogénea* chega para explicar tudo. À metafísica do espaço é, em Descartes, a *metafísica da esponja*. (*Formation*, cap. IV, pp. 78-79.)

2. Química e alquimia do fogo a) Substancialização

83. O fogo é, talvez, o fenómeno que mais tem preocupado os químicos. Durante muito tempo, pensou-se que resolver o enigma do fogo era resolver o enigma central do Universo. Boerhaave, que escreve por volta de 1720, afirma ainda ([53]): «Se vos enganardes na exposição da Natureza do Fogo, o vosso erro repercutir-se-á em todos os ramos da física, e isso porque, em todas as produções naturais, o Fogo... é sempre o principal agente.» Meio século mais tarde, Scheele lembra, por um lado ([54]): «As dificuldades inumeráveis que apresentam as pesquisas sobre o Fogo. Ao reflectir nos séculos que se passaram, surpreende-nos que não se tenha conseguido adquirir mais conhecimentos sobre as suas verdadeiras propriedades.» Por outro lado: «Algumas pessoas caem num

---

([53]) Boerhaave, *Élémmts de chimie*, trad., 2 vols., leide, 1752, t. I, p. 144.
([54]) Charles-Guillaume Scheele, *Traité chimique de l'air et du feu*, trad., Paris, 1781.

erro absolutamente contrário ao explicarem a natureza e os fenómenos do Fogo com tanta facilidade que parece que todas as dificuldades foram eliminadas. Mas quantas objecções não se lhes pode fazer! Tão depressa o calor é o Fogo elementar como é um efeito do Fogo: aqui, a luz é o mais puro fogo e um elemento; mais além, ela está já dispersa em toda a extensão do globo, e o impulso do Fogo elementar comunica-lhe o seu movimento directo; aqui, a luz é um elemento que pode ser captado por intermédio do *acidum pingue*, e é libertado pela dilatação deste suposto ácido, etc.» Esta oscilação, tão bem assinalada por Scheele, é muito sintomática da dialéctica da ignorância, que vai da obscuridade à cegueira e que toma descuidadamente os próprios termos do problema pela sua solução. Como o fogo não pôde revelar o seu mistério, é considerado como uma causa universal: e então tudo se explica. Quanto mais inculto for um espírito pré-científico, maior é o problema que ele escolhe. Desse grande problema, faz um pequeno livro. O livro da marquesa du Châtelet tem 139 páginas e trata do fogo.

Nos períodos pré-científicos, é realmente difícil delimitar um tema de estudo. Relativamente ao fogo, mais do que a qualquer outro fenómeno, as concepções animistas e as concepções substancialistas misturam-se de uma maneira inextricável. Enquanto que, na nossa obra de índole geral[55], pudemos analisar separadamente estas concepções, aqui teremos de as estudar ao nível da sua interpenetração. E, naquilo em que conseguimos fazer progredir a análise, foi precisamente graças às ideias científicas que, a pouco e pouco, permitiram distinguir os erros. Mas o fogo, ao contrário da electricidade, não encontrou ainda a sua ciência. Permaneceu, no espírito pré-científico, como um fenómeno complexo que depende a um tempo da química e da biologia. Necessitamos, portanto, de conservar no conceito do fogo o

---

[55] Trata-se de *La formation de l'esprit scientifique* (D. L.).

aspecto totalizante que corresponde à ambiguidade das explicações que vão alternativamente da vida à substância, em intermináveis reciprocidades, para nos apercebermos dos fenómenos do fogo.

O fogo pode, então, servir-nos para ilustrar as teses que expusemos no nosso livro sobre *La formation de l'esprit scientifique*. Em particular, pelas ideias ingénuas que dele se faz, dá um exemplo do *obstáculo substancialista* e do *obstáculo animista* que, tanto um como outro, entravam o pensamento científico.

Iremos começar por mostrar casos em que as afirmações substancialistas são apresentadas sem a mínima prova. O R. P. Castel não põe em dúvida o realismo do *jogo*([56]): «Os negros da pintura são, na maioria, produções do fogo, e o fogo deixa sempre qualquer coisa de corrosivo e abrasador nos corpos que receberam a sua impressão viva. Há quem pretenda que são as partes ígneas, e de um verdadeiro fogo, que permanecem na cal, nas cinzas, nos carvões, nos fumos.» Nada legitima esta *permanência substancial* do fogo na matéria corante, mas podemos ver em funcionamento o pensamento substancialista: aquilo que recebeu o fogo tem de ficar a queimar, logo, corrosivo.

Por vezes, a afirmação substancialista apresenta-se com uma pureza tranquila, verdadeiramente desligada de toda a prova e mesmo de toda a imagem. Escreve Ducarla([57]): «As moléculas ígneas... aquecem porque são; são porque foram... esta acção só deixa de se produzir por falta de sujeito. O carácter tautológico da atribuição substancial é aqui particularmente nítido. A sátira de Molière sobre a virtude dormitiva do ópio, que faz dormir, não impede um autor importante, que escreve no final do séc. XVIII, de afirmar que a virtude calorífica do calor tem a propriedade de aquecer. (*Psychanalyse*, cap. V, pp. 104-107.)

([56]) R. P. Castel, *L'optique des conleurs*, Paris, 1740, p. 34.
([57]) Ducarla, *loc. cit.*, p. 4.

b) *Valorização*

84. Para muitos espíritos, o fogo possui um tal *valor* que nada limita o seu império. Boerhaave pretende não fazer nenhuma suposição sobre o fogo, mas começa por afirmar, sem a mínima hesitação, que «os elementos do fogo encontram-se em tudo; encontram-se no ouro, que é o mais sólido dos corpos conhecidos, e no vácuo de Torrioelli[58]. Para um químico como para um filósofo, para um homem instruído como para um fantasista, o fogo substancializa-se tão facilmente que é relacionado ora com o vácuo, ora com o espaço cheio. Sem dúvida, a física moderna reconhecerá que o vácuo é atravessado por inúmeras radiações do calórico radiante, mas não faz dessas radiações uma qualidade do espaço vazio. Se se produzir uma luz no vácuo de um barómetro que é atingido, o espírito científico não concluirá daí que o vácuo de Torricelli *continha* fogo latente.

A substancialização do fogo concilia facilmente as características contraditórias: o fogo pode ser vivo e rápido sob formas dispersas; profundo e durável sob formas concentradas. Basta, assim, invocar a *concentração substancial* para explicar aspectos muito diversos. Para Carra, autor frequentemente citado no final do séc. xviii[59]: «Na palha e no papel, o flogisto integrante é muito raro, ao passo que abunda no carvão de pedra. As duas primeiras substâncias, no entanto, ardem ao primeiro contacto com o fogo, enquanto que a última leva muito tempo a entrar em combustão. Não se pode explicar esta diferença de efeitos senão reconhecendo que o flogisto integrante da palha e do papel, embora mais raro que o do carvão, está menos concentrado, mais disseminado e, consequentemente, mais susceptível de um pronto desenvol-

---

[58] Boerhaave, *Éléments de chimic*, t. I, p. 145.
[59] Carra, *Dissertation élémentaire sur la nature de la lumière, de la chaleur, du feu et de l'électricité*, Londres, 1787, p. 50.

vimento.» Deste modo, uma experiência insignificante como a de um papel rapidamente inflamado é explicada, tem intensidade, por um grau da concentração substancial do flogisto. Não podemos deixar de sublinhar aqui a necessidade de explicar os *pormenores* de uma experiência inicial. A necessidade de explicação minuciosa é muito sintomática nos espíritos não científicos, que pretendem negligenciar e dar conta de todos os aspectos da experiência concreta. A *vivacidade* de um fogo sugere, assim, falsos problemas: impressionou de tal maneira a nossa imaginação infantil! O fogo da palha continua a ser, para o inconsciente, um fogo característico.

É particularmente interessante, para uma psicanálise do conhecimento objectivo, ver como uma intuição carregada de afectividade, como a intuição do fogo, se presta para a explicação de fenómenos novos. Foi o que sucedeu quando o (pensamento pré-científico procurou explicar os fenómenos eléctricos.

A prova de que o fluido eléctrico é apenas o fogo não é difícil desde que nos contentemos em seguir a sedução da intuição substancialista. É assim que o abade de Mangin fica rapidamente convencido([60]): «Antes de mais, é em todos os corpos betuminosos e sulfurosos, tais como o vidro e as resinas, que se encontra a matéria eléctrica, assim como o trovão tira a sua dos betumes e enxofres atraídos pela acção do Sol.» Posto isto, não é necessário muito mais para provar que o vidro contém fogo e para o classificar na categoria dos enxofres e das resinas. Para o abade de Mangin, «o cheiro a enxofre que (o vidro) exala quando, sendo friccionado, acaba por quebrar (é a prova convincente) de que os betumes e os óleos são nele dominantes». Será preciso lembrar também a velha etimologia, sempre activa no espírito pré-científico, que pretendia ser o vitríolo corrosivo *óleo de vidro?*

([60]) Abade de Mangin, *Question Nouvelle et interessante sur l'électricité*, 1749, pp. 17, 23, 26.

A intuição de interioridade, de intimidade, tão fortemente ligada à intuição substancialista, surge aqui numa ingenuidade tanto mais surpreendente quanto pretende explicar fenómenos científicos bem determinados. «Foi sobretudo nos betumes, nos óleos, nas gomas, nas resinas, que Deus encerrou o fogo, na qualidade de formas capazes de o conter.» Uma vez que houve submissão à metáfora de uma propriedade substancial encerrada numa caixa, o estilo começa a carregar-se de imagens. Se o fogo eléctrico «pudesse insinuar-se nos orifícios dos pequenos novelos de fogo que atravessam o tecido dos corpos que são, por natureza, eléctricos; se ele pudesse desunir esta multidão de pequenas bolsas que têm o poder de manter esse fogo oculto, secreto e interno, e manterem-se unidas, então essas parcelas de fogo, soltas, sacudidas, comprimidas, libertadas, associadas, violentamente agitadas, comunicariam ao fogo eléctrico uma acção, uma força, uma velocidade, uma aceleração, uma fúria, que desuniria, quebraria, inflamaria, destruiria o composto». Mas, como isso é impossível, os corpos como a resina, eléctricos por natureza, têm de conservar o fogo encerrado nas suas pequenas cavidades, não podem receber a electricidade por comunicação. Eis aqui, cheia de imagens, carregada de verbalismo, a *explicação prolixa* do carácter dos corpos maus condutores. Aliás, esta explicação, que equivale a negar um carácter, é assaz curiosa. Não se vê bem a necessidade da conclusão. Parece que tal conclusão vem simplesmente interromper um devaneio que se desenvolvia com tanta facilidade, bastando acumular sinónimos.

Quando se reconheceu que as centelhas eléctricas que saem do corpo humano electrizado inflamavam a aguardente, foi um autêntico deslumbramento. O fogo eléctrico era, então, um verdadeiro fogo! Winckler sublinha «um acontecimento tão extraordinário». Na realidade, não é fácil perceber como é que semelhante «fogo», brilhante, quente, inflamado, pode estar contido, sem o mais pequeno incómodo, no corpo humano! Um espírito tão preciso e meticuloso como o de Winckler não põe em dúvida o postulado substancialista, e é desta ausência de crítica filosófica que irá nascer o problema[61]: «Um fluido não pode inflamar coisa alguma, a menos que contenha partículas de fogo.» Se o fogo *sai* do corpo humano, é porque, antes disso, estava *contido* no corpo humano. Será preciso sublinhar a facilidade com que esta inferência é aceite por um espírito pré-científico que segue, sem disso se dar conta, as seduções que denunciámos nos capítulos precedentes? O único mistério está em que o fogo inflama o álcool no exterior, ao passo que não inflama os tecidos internos. Esta inconsequência da intuição realista não basta, entretanto, para diminuir a *realidade do fogo*. O realismo do fogo conta-se entre os mais indestrutíveis. (*Psychanalyse*, cap. V, pp. 115-116.)

---

[61] Vinckler, *Essai sur la nature, les effets et les causes de l'électricité*, trad., Paris, 1748, p. 139.

SECÇÃO III
PARA A HISTÓRIA DAS CIÊNCIAS

I
CONTINUIDADE OU DESCONTINUIDADE?

a) *Uma «emergência» progressiva da ciência?*

85. Uma das objecções mais naturais dos *continuístas da cultura* consiste em evocar *a continuidade da história.* Uma vez que se faz uma *narrativa contínua* dos acontecimentos, crê-se facilmente reviver os acontecimentos na continuidade do tempo e dá-se, insensivelmente, a toda a história a unidade e a continuidade de um livro. As dialécticas ficam, assim, veladas sob uma sobrecarga de acontecimentos menores. E, no que diz respeito aos problemas epistemológicos que nos ocupam, não se beneficia da extrema sensibilidade dialéctica que caracteriza a história das ciências.

Além disso, os continuístas gostam de reflectir sobre as origens, detêm-se na zona de elementaridade da ciência. Os progressos científicos começaram por ser lentos, muito lentos. Quanto mais lentos são, mais contínuos parecem. E, como a ciência sai *lentamente* do corpo dos conhecimentos comuns, crê-se ter a certeza definitiva da continuidade do saber comum e do saber científico. Em suma, eis o axioma de epistemologia posto pelos continuístas: dado que os começos são lentos, os progressos são contínuos. O filósofo não vai mais longe. Pensa que é inútil viver os tempos novos, os tempos em que, precisamente, os progressos científicos *rebentam* por toda a parte, fazendo necessariamente «rebentar» a epistemologia tradicional.

Para legitimar esta noção de «rebentamento», eis algumas referências e factos.

Riezler, referindo-se aos 600 isótopos descobertos ou criados pelo homem apenas numa década, vê aí, precisamente, uma evolução explosiva, *eine sturmische Entwicklung*([62]).

Uma descoberta como a de Joliot-Curie, que se enuncia em duas simples linhas:

$$Al \frac{27}{13} + \alpha \rightarrow {}^*P \frac{30}{15} + n \nearrow$$

$${}^*P \frac{30}{15} \rightarrow Si \frac{30}{14} + \varepsilon^{+} \nearrow$$

abala, *em poucas semanas*, todo um sector da ciência da matéria. O próprio Jean Thibault sublinhou a importância desta descoberta que se resume em duas linhas.

Hevesy, no Colóquio sobre as «Trocas isotópicas e estruturas moleculares», que teve lugar em Paris em 1948, diz (p. 107): «Para aqueles que viveram o desenvolvimento da radioactividade desde o seu início, a descoberta da radioactividade artificial parece um milagre.» Sim, por que razão não há-de um cientista que vive intimamente o progresso científico ter o direito de usar uma palavra, tão excepcional na sua boca, para exprimir as suas impressões?

A propósito da descoberta da radioactividade artificial, Pollard e Davidson insistem igualmente no desenvol-

---

([62]) Wolfgang Piezler, Einfuhrung in die Kernphysik, 2.ª ed., Leipzig, 1942, p. 132.
(*) Em inglês no original. *(N.T.)*

vimento espantoso, *the astcmishing development** do campo dos conhecimentos humanos. Desde 1933, afirmam eles, até 1945 (data da publicação do seu livro), o número dos radioelementos artificiais passou de 3 a 300. Esta proliferação extraordinária da ontologia materialista não pode, naturalmente, ser avaliada com justiça a partir do exterior. É por isso que o filósofo não se impressiona com este desenvolvimento espantoso. Ele lê e relê generalidades que condenam a técnica. Não dá qualquer atenção ao carácter eminentemente desinteressado de algumas investigações técnicas, não vê a sua beleza intelectual, permanece estranho à harmonia que se revela nesta multiplicidade de seres bem ordenados. Desumaniza, assim, um esforço prodigioso do espírito humano, o próprio esforço da cidade científica perante um mundo a criar numa extraordinária novidade.

Em Maio de 1948 (este mês tornou-se agora uma realidade na bibliografia científica), F. B. Moon, ao escrever o prefácio do livro *Artificial radioactivity*, publicado em Cambridge em 1949, desculpa-se por não poder fornecer uma lista completa dos corpos providos de radioactividade artificial. E acrescenta: «O tema desenvolve-se com tanta rapidez que semelhantes listas tornam-se rapidamente incompletas.» A ciência da matéria cresce tão depressa que já não se consegue fazer o seu balanço. No meio de um tal fervilhar de descobertas, como se pode deixar de ver que qualquer linha de continuidade será sempre um traço demasiado grosso, um esquecimento da especificidade dos pormenores?

É necessário, aliás, perguntar aos próprios cientistas a consciência das descontinuidades da ciência contemporânea. Eles assinalam essas descontinuidades com toda a precisão desejável. No prefácio ao colóquio do C.N.R.S. sobre *La liaison chimique* (Abril de 1948, publicado em 1950), Edmond Bauer, recordando a memória fundamental de Heitler e London sobre a molécula de hidrogénio, publicada em 1927, escreve: «Esta memória marca uma autêntica descontinuidade na história da química. Depois dela, os progressos foram rápidos.»

Nestes instantes inovadores, a descoberta tem uma tão grande pluralidade de consequências que abordamos, com toda a evidência, uma descontinuidade do saber. A molécula de hidrogénio já não é um simples pormenor do materialismo, um objecto de pesquisa como os outros. A molécula de hidrogénio, a partir da memória de Heitler e London, é um motivo de instrução fundamental, a razão de uma reforma radical do saber, um novo ponto de partida da filosofia química. Mas passa-se sempre a mesma coisa, o filósofo não aborda a zona das descontinuidades efectivas; continua a afirmar tranquilamente a continuidade do saber.

b) *A noção de «influência»*

Uma outra maneira de obscurecer as descontinuidades no progresso científico é atribuir o seu mérito à multidão dos trabalhadores anónimos. Há muito quem goste de afirmar que os progressos estavam «no ar» quando o homem de génio os trouxe à luz do dia. Entram então em consideração as «atmosferas», as «influências». Quanto mais longe estamos dos factos, mais fácil é evocar as «influências». As influências são frequentemente evocadas para as mais longínquas origens. Faz-se com que elas atravessem os continentes e os séculos. Mas a noção de influência, tão cara ao espírito filosófico, tem pouco sentido na transmissão das verdades e das descobertas na ciência contemporânea. Não há dúvida de que os trabalhadores se agrupam, não há dúvida de que colaboram na investigação. Formam actualmente equipas e escolas. Mas o génio de certos laboratórios é feito, simultaneamente, de crítica e de inovação. A autocrítica dos trabalhadores de laboratório contradizem muitos aspectos, tudo o que depende de uma «influência». Gradualmente, tudo o que existe de inconsciente e de passivo no saber *é* dominado. As dialécticas proliferam. Alarga-se o campo das contradições possíveis. A partir do momento em que se aborda a região dos problemas, vive-se realmente numa época marcada por instantes privilegiados, por descontinuidade manifestas. Ao ler um livro como o de Gamov e Critchfield sobre a física nuclear, vê-se até que ponto os cientistas têm consciência da imperfeição dos seus métodos, da desarmonia dos métodos. «Não satisfaz», eis uma locução repetida em quase todos os parágrafos. Nunca este *racionalismo experimentado*, que os métodos novos representam, foi mais variado, mais móvel, mais vigiado. É assim que o racionalismo científico, que deve assimilar os progressos da experiência, cresce no sentido inverso do dogmatismo do racionalismo sucinto. Caracterizar o espírito científico como um espírito canalizado no dogmatismo de uma verdade indiscutida é fazer a psicologia de uma caricatura obsoleta. O tecido da história da ciência contemporânea é o tecido temporal da discussão. Os argumentos que nele se cruzam são outras tantas ocasiões de descontinuidade.

c) *O argumento do «senso comum»*

Uma terceira ordem de objecções é adoptada pelos continuístas da cultura no domínio da pedagogia. Quanto mais se crê na continuidade entre o conhecimento comum e o conhecimento científico, mais esforços se fazem para a manter, torna-se obrigatório reforçá-la. Faz-se assim sair do bom senso, lentamente, suavemente, os rudimentos do saber científico. Tem-se repugnância por violentar o «senso comum». E, nos métodos do ensino elementar, adiam-se de ânimo leve os tempos de iniciações viris, procura-se conservar a tradição da ciência *elementar*, da *ciência fácil*; considera-se um dever fazer com que o estudante participe da imobilidade do conhecimento inicial. É necessário, apesar disso, conseguir *criticar* a cultura elementar. Entra-se, então, no reino da cultura científica difícil.

E eis aqui uma *descontinuidade* que não será fácil de apagar invocando um simples relativismo: de *fácil*, a química torna-se, subitamente, *difícil*. Torna-se difícil não só para nós próprios, difícil não só para o filósofo, mas verdadeiramente *difícil em si*. Os historiadores das ciências não aceitarão certamente que se caracterize a cultura científica do nosso tempo como especificamente difícil. Objectarão que, ao longo da história, todos os progressos foram difíceis, e os filósofos repetirão que os nossos filhos aprendem hoje na escola com facilidade aquilo que exigiu um esforço extraordinário aos génios solitários dos tempos passados. Mas este relativismo, que é real, que é evidente, não faz senão salientar melhor o carácter absoluto da *dificuldade* das ciências física e química contemporâneas, a partir do momento em que se sai do reino da elementaridade.

E não se trata de uma questão de aptidão. Para certos espíritos, a matemática mais elementar pode ser difícil. Mas, no que concerne à química, parecia que ela fora uma espécie de erudição dos factos materiais, parecia exigir apenas muita paciência e minuciosa experiência. Dizia-se que era uma ciência de memória. Eis precisamente o que ela já não é.

Os químicos são formais a este respeito. No final do séc. XIX, afirma Lespiau[63], o estudante só encontrava na química «um amontoado de factos sem coesão»; tomava como axioma «essa frase tão repetida ainda nos nossos dias (em 1920): a química é apenas uma questão de memória. Ao sair do liceu, ficava com a impressão de que esta ciência (?) não tinha qualquer valor educativo. Se, no entanto, viesse a frequentar um curso de química orgânica professado por um atomista, a sua opinião modifi-

---

[63] R. Lespiau, *La molécule chimique*, Paris, 1920, p. 2.

cava-se. Os factos encadeavam-se, bastava aprender alguns para achar que se sabiam muitos». Excelente expressão da inteligibilidade indutiva que comanda um empirismo informe. Os factos científicos multiplicam-se e, não obstante, o empirismo diminui. Eis a memória dos factos submetida à compreensão das leis. Nesta via, a revolução epistemológica continua. Na química contemporânea, é necessário compreender para reter. E é preciso compreender em perspectivas sintéticas cada vez mais complexas. Está fundada a *química teórica*. Fundada em primeira união com a *física teórica*. No início do nosso século, emergia, sob o nome de *química física*, uma ciência muito delimitada, particularmente rica em experiências bem definidas. Nos nossos dias, emerge uma *química teórica-física teórica* que fornece às ciências físico-químicas um racionalismo comum. O ponto de interrogação colocado por Lespiau a seguir à palavra «ciência» (?) para simbolizar o doce desprezo dos educadores do seu tempo por um estudo que ocupa inutilmente a memória não traduz senão o cepticismo dos ignorantes, o cepticismo dos filósofos que decidem dos valores culturais, reportando-se ao tempo da sua adolescência escolar.

Para nos referirmos a um texto contemporâneo, não haverá uma espécie de desafio irónico na frase que termina o prefácio que R. Robinson escreve para o difícil tratado de M. J. S. Dewar: *The electronic theory of organic Chemistry* (Oxford, 1949): «Como conclusão, desejo pleno sucesso a todo este esforço recente para generalizar a nossa ciência num dos seus aspectos mais fascinantes. Já passaram os dias em que a química orgânica podia ser estigmatizada como um trabalho de memória, e os estudantes que seguirem Dewar através do território recentemente conquistado em breve verão por que razão isto é verdadeiro.»

Assim, torna-se tão difícil aprender química sem a compreender como recitar de cor, sem esses pequenos tropeços que nunca enganam o professor perspicaz, a lição de matemática. E, se confiarem assim tanto nesse poder de memorização, bastar-vos-á abrir o manual de Dewar – ou o de Pauling – ou o de Eistler – ou o de Bernard e Albert Paullman– para porem à prova as vossas forças. Abordai a química difícil e reconhecereis que entrastes num reino novo de racionalidade.

Será esta dificuldade da ciência contemporânea um obstáculo à cultura ou será antes um atractivo? Ela é, segundo cremos, a própria condição do dinamismo psicológico da pesquisa. O trabalho científico exige precisamente que o investigador crie dificuldades. O essencial é criar dificuldades *reais*, eliminar as falsas dificuldades, as dificuldades imaginárias.

É um facto que, ao longo de toda a história da ciência, se revela uma espécie de gosto pelos problemas difíceis. O orgulho de saber exige o mérito de vencer a dificuldade de saber. O alquimista pretendia que a sua ciência fosse difícil e rara. Outorgava ao seu saber a majestade da dificuldade. Carregava o problema das transformações materiais com dificuldades cósmicas, morais e religiosas. Exprimia, pois, essencialmente *o comportamento do difícil*. Em suma, o saber alquimista realizava o *para si* da dificuldade. E, na ausência do realismo das manipulações alquímicas, o alquimista projectava o seu apetite da dificuldade, esse *para si* da dificuldade, numa espécie de *em si* do difícil. Pretendia resolver um grande problema, penetrar no grande mistério. Descobrir a palavra do enigma ter-lhe-ia dado a omnipotência sobre o mundo.

Muitas vezes, o historiador que pretende trazer à luz do dia estes pensamentos obscuros deixa-se seduzir por estas dificuldades ultrapassadas. E acrescenta ainda, à dificuldade que embaraçava o alquimista, a dificuldade de se reportar, após as múltiplas evoluções do pensamento científico, ao momento da história em que os interesses da investigação eram inteiramente diferentes dos nossos. Mas todas as sombras, arduamente reconstituídas, desaparecem quando os antigos problemas – os falsos problemas

— são colocados em face de uma objectividade definida. Apercebemo-nos de que a experiência alquímica não pode ser «montada» num laboratório moderno sem que se tenha de imediato a impressão de se estar a fazer ao mesmo tempo uma caricatura do passado e uma caricatura do presente. Quando muito, alguns grandes cientistas contemporâneos gostam de colocar, como frontispício das suas obras, a antiga gravura de um velho livro que reproduz o alquimista diante dos seus fornos. Não será esta nostalgia dos antigos mistérios uma manifestação do inconsciente que acompanha o espírito científico, como assinalávamos no início deste ensaio? Estaríamos, então, em presença de um tema de continuidade: seria a continuidade daquilo que não muda, a continuidade do que resiste às transformações. Mas o problema epistemológico que estamos a tratar já não reside aí. Com efeito, «as dificuldades da alquimia» representam, em comparação com as dificuldades do materialismo moderno, um puro anacronismo. Entre as dificuldades de outrora e as dificuldades do presente, existe uma total descontinuidade.

d) *As armadilhas da linguagem*

Finalmente, para terminar este esboço de uma polémica periférica contra os partidários da continuidade da cultura científica, sublinharemos o facto de que a linguagem pode ser tão falaciosa nas ciências físicas como o é nas ciências psicológicas para espíritos desprevenidos, para espíritos que não estão atentos à própria evolução da linguagem da ciência. A nomenclatura química não pode ser definitiva como a tabela das declinações de uma língua morta. É constantemente rectificada, completada, diversificada. A linguagem da ciência está em estado de revolução semântica permanente.

Por vezes, o epistemólogo continuísta engana-se, quando julga a ciência contemporânea a partir de uma espécie de continuidade das imagens e das palavras. Quando foi necessário imaginar o inimaginável domínio do núcleo atómico, propuseram-se imagens e fórmulas verbais relacionadas exclusivamente com a ciência teórica. Não se devem, naturalmente, tomar estas fórmulas à letra e atribuir-lhes um sentido directo. Uma constante transposição da linguagem quebra, assim, a continuidade do pensamento comum e do pensamento científico. É necessário repor constantemente as expressões novas na perspectiva das teorias que as imagens e as fórmulas resumem.

É o caso, por exemplo, da imagem apresentada por Niels Bohr para condensar certas leis do núcleo atómico sob o nome de «gota de água». Esta imagem «ajuda admiravelmente (afirmam Pollard e Davidson – loc. cit., p. 194) a compreender o como e o porquê da fissão». A coberto da imagem da «gota» onde se aglomeram os núcleos, poder-se-á dizer que a incorporação de um neutrão suplementar aumenta a energia interna do núcleo, por outras palavras, a «temperatura» do núcleo. Na sequência deste aumento de «temperatura», uma emissão de um corpúsculo poderá produzir-se de acordo com um processo a que chamaremos uma «evaporação». Mas as palavras gota, temperatura e evaporação devem naturalmente ser postas entre aspas. Para os físicos nucleares, estas palavras estão, de certo modo, tacitamente redefinidas. Representam conceitos que são totalmente diferentes dos conceitos da física clássica, *a fortiori*, muito diferentes dos conceitos do conhecimento comum. Provocaria uma gargalhada geral quem perguntasse se a física nuclear fabrica um termómetro para medir «a temperatura» de um núcleo!

Não existe, pois, qualquer *continuidade* entre a noção da temperatura do laboratório e a noção da «temperatura» de um núcleo. A linguagem científica é, por princípio, uma neolinguagem. Para sermos entendidos no mundo científico, é necessário falar cientificamente a linguagem científica, traduzindo os termos da linguagem comum em linguagem científica. Se concentrássemos a nossa atenção nesta actividade de tradução, muitas vezes encoberta, aperceber-nos-íamos de que existe, na linguagem da ciência, um grande número de termos entre aspas. Poder-se-iam comparar estas aspas com os parênteses dos fenomenologistas. As aspas revelariam uma das atitudes específicas da consciência científica. São solidarias de uma declaração de consciência de método. O termo entre aspas eleva o tom, que passa, para além da linguagem comum, a tom científico. Sempre que uma palavra da antiga linguagem é posta, pelo pensamento científico, entre aspas, isso significa uma mudança de método de conhecimento relativamente a um novo domínio da experiência. Pode dizer-se que, do ponto de vista do epistemólogo, é o sinal de uma ruptura, de uma descontinuidade de sentido, de uma reforma do saber.

O conceito de «temperatura» do núcleo atómico totaliza mesmo duas reformas. Avaliza, antes de mais, num novo domínio, a noção cinética de temperatura, tal como foi introduzida na ciência pela termodinâmica clássica, e transpõe em seguida este conceito científico para uma esfera de aplicação em que o conceito clássico não se aplica da forma habitual. Vemos estruturarem-se diversos níveis do conceptualismo da ciência: a «temperatura» do núcleo é uma espécie de conceito de conceito, um conceito que não é um conceito de primeira abstracção. Utiliza-se porque está perfeitamente esclarecida a significação racional clássica do conceito de temperatura, o qual, por sua vez, foi já desligado, pela física clássica, das suas significações sensíveis imediatas. (*Matérialisme*, Conclusion, pp. 209-217.)

II
QUE É UMA SÍNTESE HISTÓRICA?

1. *Uma «síntese transformante»*

86. A mecânica ondulatória surge-nos com uma das sínteses científicas mais amplas de todos os tempos. E é, de facto, uma *síntese histórica*. É uma síntese cultural que implica a reunião de vários séculos de cultura. Como assinala Louis de Broglie[64]: «Muitas ideias científicas de hoje seriam diferentes se os caminhos seguidos pelo espírito humano para as atingir tivessem sido outros.» Em si mesma, esta observação coloca todo o problema da objectividade científica, uma vez que situa essa objectividade na confluência de uma história humana e de um esforço de actualidade essencial a toda a investigação científica.

Trata-se, pois, de uma questão que o filósofo deve considerar: a que nível do pensamento científico se faz a integração da história dos pensamentos na actividade científica? Será exacto que a actividade científica, que se pretende objectiva, possa tomar como uma regra constante o partir de uma *tábua rasa*? Em todo o caso, para

---
[64] Louis de Broglie, *Physique et microphysique*, p. 9.

nos limitarmos à mecânica ondulatória, é difícil imaginar uma pedagogia *directa*, uma pedagogia baseada em experiências *imediatas*. Toda a pedagogia de uma tal doutrina é necessariamente um exercício de transformação do conhecimento. Neste caso, o espírito só pode instruir--se transformando-se. Para compreender o sentido da mecânica ondulatória, para equacionar o problema em toda a sua amplitude e apreciar os valores de reorganização racional da experiência que estão implicados nesta nova doutrina, é conveniente percorrer um longo preâmbulo histórico.

Mas atenção a um paradoxo: cometeríamos um grave erro se acreditássemos que essa síntese histórica foi historicamente preparada, se afirmássemos, segundo a expressão habitual dos historiadores que pretendem dar corpo à história, que essa descoberta «estava no ar.» Na realidade, a óptica física de Fresnel suplantara inteiramente a óptica física de Newton quando Louis de Broglie propôs uma ciência nova, ao associar certas hipóteses newtonianas a certas hipóteses fresnellianas para estudar o comportamento de partículas que não dependiam nem da ciência de Fresnel, nem da ciência de Newton. Nada prova, melhor do que isto, que a síntese científica é uma *síntese transformante*. Antes desta associação, antes desta síntese, já Einstein vira, sem dúvida, a necessidade de definir um *quantum* de irradiação, que em breve se chamaria fotão, para explicar os fenómenos fotoeléctricos. (...) Mas a síntese das hipóteses corpusculares e das hipóteses ondulatórias não era encarada na sua generalidade. Nenhuma razão histórica incitava a ciência para a via de semelhante síntese. Só uma espécie de aspiração à *estética das hipóteses* podia abrir a dupla perspectiva de pensamentos que caracteriza a mecânica fundada por Louis de Broglie. Foi o facto de se aplicarem temas ondulatórios, não só a à luz como também à matéria, que deslocou o problema e alargou o debate. (*Activité*, cap. I, pp. 21-23.)

2. «Ciências sem antepassados»

87. Em suma, as mecânicas contemporâneas, a mecânica relativista, a mecânica quântica, a mecânica ondulatória, são ciências sem antepassados. Os nossos bisnetos desinteressar-se-ão, sem dúvida, da ciência dos nossos bisavós. Não verão nela mais do que um museu de pensamentos inactivos ou, pelo menos, de pensamentos que só poderão servir como pretexto de uma reforma do ensino. Já a bomba atómica, se me permitem a expressão, pulverizou um grande sector da história das ciências, porque, no espírito do físico nuclear, nada resta das noções fundamentais do atomismo tradicional. É preciso pensar o núcleo do átomo numa dinâmica da energia nuclear e não numa geometria da disposição dos seus constituintes. Semelhante ciência não encontra análogo no passado. Dá-nos um exemplo particularmente claro da ruptura histórica na evolução das ciências modernas.

E, não obstante, apesar do seu carácter revolucionário, apesar do seu carácter de ruptura com a evolução histórica regular, uma doutrina como a da mecânica ondulatória é uma *síntese histórica*, porque a história, tendo-se detido por duas vezes em sistemas de pensamentos perfeitamente elaborados: os pensamentos newtonianos e os pensamentos fresnellianos, toma um novo rumo e tende para uma nova estética dos pensamentos científicos.

O ponto de vista moderno determina assim uma perspectiva nova sobre a história das ciências, perspectiva que coloca o problema da eficácia *actual* dessa história das ciências na cultura científica. Trata-se, com efeito, de mostrar a acção de uma história julgada, uma história que tem obrigação de distinguir o erro e a verdade, o inerte e o activo, o prejudicial e o fecundo. De uma maneira geral, não se poderá afirmar que uma história *compreendida* já não é história *pura*? No domínio da história das ciências, é necessário, além de compreender, saber analisar, saber julgar. Aplica-se aqui, mais do que em qualquer outro caso, a opinião de Nietzsche: «Só se deve interpretar o passado à luz da maior força do presente»(65). A história dos impérios e dos povos tem por ideal, a justo título, o relato *objectivo* dos factos; exige que o historiador *não julgue* e, se o historiador impõe os valores do seu tempo à determinação dos valores dos tempos passados, é acusado, e com razão, de seguir o «mito do progresso».

Mas eis uma diferença evidente: para o pensamento científico, o progresso demonstra-se, é demonstrável, a sua demonstração é mesmo um elemento pedagógico indispensável para o desenvolvimento da cultura científica. Por outras palavras, o progresso é a própria dinâmica da cultura científica, e é essa dinâmica que a história das ciências deve descrever. Deve descrever julgando-a, valorizando-a, eliminando toda a possibilidade de um regresso a noções erradas. A história das ciências só pode insistir nos erros do passado a título de elemento de comparação. Reencontramos, assim, a dialéctica dos *obstáculos epistemológicos* e dos *actos epistemológicos*. Tivemos oportunidade, numa obra anterior(66), de estudar longamente o conceito de obstáculos epistemológicos. A noção de actos epistemológicos, que opomos hoje à noção de obstáculos epistemológicos, corresponde aos ímpetos do génio científico que provocam impulsos inesperados no curso do desenvolvimento científico. Existe, assim, um *negativo* e um *positivo* na história do pensamento científico. E, aqui, o negativo e o positivo separam-se de uma forma tão radical que o sábio que tomasse partido pelo *negativo* expulsar-se-ia a si próprio do mundo científico. Quem se limitasse a viver na coerência do sistema de Ptolomeu não passaria de um historiador. E, do ponto de vista da ciência moderna, o que é *negativo* depende de uma psicanálise

---

(65) Nietzsche, *Considérations inactuelles. De l'utilité et des inconvénients des études historiques*, trad., Albert, p. 193.

(66) *La formation de l'esprit scientifique: Cantributions à une psychanalyse de la cannaissance objective*, Ed. Vrin, 2.ª ed., 1947 (D.L.).

do conhecimento; é necessário pôr-lhe um travão, se tentar renascer. Pelo contrário, aquilo que, do passado, permanece positivo, continua ainda a agir no pensamento moderno. A herança positiva do passado constitui uma espécie de *passado actual*, cuja acção no pensamento científico dos nossos dias é manifesta.

Deve-se, pois, compreender a importância de uma dialéctica histórica *própria do pensamento científico*. Em resumo, é necessário constantemente formar e reformar a dialéctica da história ultrapassada e da história sancionada pela ciência actualmente activa. A história da teoria do flogisto é obsoleta porque se baseia num erro fundamental, numa contradição da química ponderai. Um *racionalista* não pode interessar-se por ela sem uma certa má consciência. Um epistemólogo só pode interessar-se por ela para encontrar motivos de psicanálise do conhecimento objectivo. Um *historiador das ciências* que nela se detenha deve estar consciente de que trabalha na paleontologia de um espírito científico desaparecido. Não pode ter a esperança de actuar sobre a pedagogia das ciências do nosso tempo.

Ao contrário da hipótese do *flogisto*, outros trabalhos, como os de Black sobre o c*alórico*, ainda que contenham partes a criticar, abordam as experiências positivas da determinação dos *calores específicos*. Ora, a noção de *calor específico* – podemos afirmá-lo tranquilamente – é uma noção que é *para sempre* uma noção científica. Os trabalhos de Black podem, pois, ser descritos na qualidade de elementos da *história sancionada*. Há um interesse constante em conhecê-los teoricamente, em esclarecê-los epistemologicamente, em seguir a sua incorporação num corpo de conceitos racionalizados. A filosofia da história, a filosofia epistemológica, a filosofia racionalista podem descobrir neles um motivo de análise espectral, na qual se distribuem as variantes de uma polifilosofia.

Talvez se sorriam do dogmatismo de um filósofo racionalista que escreve um «para sempre» a propósito de uma verdade escolar. Mas existem conceitos tão indispensáveis numa cultura científica que é inconcebível que se possa ser levado a abandoná-los. Deixam de ser contingentes, ocasionais, convencionais. Sem dúvida, formaram-se numa atmosfera histórica obscura. Mas tornaram-se tão precisos, tão claramente funcionais que já não podem recear uma dúvida instruída. Estarão expostos, quando muito, a esse cepticismo geral de que a ciência é alvo, a esse cepticismo sempre pronto a ironizar sobre o carácter *abstracto* das noções científicas. Mas essa ironia fácil não perturba a tese racionalista que faz depender uma cultura de conceitos indestrutíveis, tese que afirma «para sempre» um valor epistemológico preciso. A razão possui alguns temas de fidelidade. Distingue muito bem as noções que comprometem o futuro do pensamento e as noções que são garantias de futuro para a cultura. A filosofia da continuidade das noções valorizadas defronta, assim, um problema de ligação histórica, ligação pela qual o racional domina progressivamente o contingente.

Vê-se, então, a necessidade educativa de formular uma *história recorrente*, uma história que se esclarece pela *finalidade do presente*, uma história que parte das certezas do presente e descobre, no passado, as formações progressivas da verdade. É assim que o pensamento científico se fortalece na descrição dos seus progressos. Esta história recorrente aparece, nos livros de ciência actuais, sob a forma de preâmbulo histórico. Mas é geralmente muito curta. Esquece muitos intermediários. Não prepara suficientemente a formação pedagógica dos diferentes limiares diferenciais da cultura.

É evidente que esta história recorrente, esta história julgada, esta história valorizada não pode nem quer restabelecer mentalidades pré-científicas. É feita mais para ajudar a tomar consciência da força de certas barreiras que o passado do pensamento científico formou contra o irracionalismo. Jean-Baptíste Biot, num *Essai sur l'histoire des sciences pendant la Révolution française*, escrevia, em 1803

(p. 6): «A *Enciclopédia* era uma barreira que impedia para sempre o espírito humano de retrogredir.» Existe aqui uma espécie de Declaração dos direitos do homem racionalista, que teremos oportunidade de ilustrar se considerarmos a história das ciências como um progresso da sua racionalidade. A história das ciências surgirá, então, como a mais irreversível de todas as histórias. Ao descobrir o verdadeiro, o homem de ciência obstrui um irracional. Sem dúvida, o irracionalismo pode brotar de outro lado qualquer. Mas tem, doravante, certas vias interditas. A história das ciências é a história das derrotas do irracionalismo. (*Activité*, cap. I, pp. 25-27.)

III
A ACTUALIDADE
DA HISTÓRIA DAS CIÊNCIAS

88. Se o historiador de uma dada ciência deve ser um juiz dos valores de verdade relativos a essa ciência, onde deverá ele aprender a sua profissão? A resposta não admite dúvidas: o historiador das ciências, para bem julgar o passado, deve conhecer o presente; deve aprender o melhor possível a ciência cuja história se propõe escrever. E é aqui que a história das ciências, quer se queira quer não, tem uma forte ligação com a actualidade da ciência. Na própria medida em que o historiador das ciências estiver instruído sobre a modernidade da ciência, descobrirá cambiantes cada vez mais numerosos, cada vez mais subtis, na historicidade da ciência. A consciência de modernidade e a consciência de historicidade são aqui rigorosamente proporcionais.
A partir das verdades que a ciência actual tornou mais claras e melhor coordenadas, o passado de verdade surge mais claramente progressivo na própria qualidade de passado. Parece que uma história clara das ciências não pode ser inteiramente contemporânea do seu desenrolar. Seguiremos mais facilmente o drama das grandes descobertas, o seu desenrolar na história, se tivermos assistido ao V acto.

Por vezes, uma luz súbita exalta o valor do passado. É, indubitavelmente, o conhecimento do passado que ilumina a marcha da ciência. Mas poder-se-ia dizer, em certas circunstâncias, que o presente é que ilumina o passado. Presenciámo-lo bem quando, a dois séculos de distância, Brianchon apresentou o seu teorema formando dualidade com o famoso hexagrama místico de Pascal. Tudo o que era epistemologicamente misterioso no hexagrama místico de Pascal surge sob uma nova luz. É realmente o mistério trazido à luz do dia. Parece que, na dualidade Pascal-Brianchon, o espantoso teorema de Pascal redobra de valor.

Naturalmente, esta luz recorrente, que actua de uma forma tão clara no harmonioso desenvolvimento do pensamento matemático, pode ser muito mais indecisa na fixação dos valores históricos relativamente a outros ramos da ciência, como a física ou a química. Ao pretender tornar demasiado activos certos pensamentos do passado, podemos cometer verdadeiras racionalizações, racionalizações que atribuem um sentido prematuro a descobertas passadas. Léon Brunschvicg observou-o sagazmente ao criticar um texto de Houllevigne. Houllevigne escrevia, após ter recordado várias experiências feitas em 1659 para dissolver o ouro: «A estes métodos puramente químicos, Langelot, em 1672, opunha um processo físico que consistia em triturar o ouro dividido em folhas muito finas, durante um mês, num «moinho filosófico», provavelmente um almofariz cujo pilão era accionado por uma manivela. Ao fim desse tempo, obtinha um pó extremamente fino que, posto em suspensão na água, aí se mantinha formando um líquido muito vermelho; este líquido obtido por Langelot... – conhecemo-lo hoje – é o ouro coloidal. E foi assim que, perseguindo a sua quimera, os alquimistas descobriram os metais coloidais, cujas espantosas propriedades Bredig, 250 anos mais tarde, haveria de demonstrar.»

Mas Léon Brunschvicg, com o seu habitual sentido das subtilezas, suspende, em breves palavras, esta «racionali-

zação»: «Só que (afirma ele) a sua descoberta existe para nós, mas não existia para eles. Com efeito, não podemos afirmar que sabemos uma coisa quando a fazemos não sabendo que a fazemos. Sócrates professava já que saber é ser capaz de ensinar»([67]).
A advertência de Brunschvicg deveria ficar inscrita na categoria das máximas directivas da história das ciências. É necessário um verdadeiro tacto para manejar as recorrências possíveis. Mas continua a ser necessário duplicar a história do desenrolar dos factos com uma história do desenrolar dos valores. E não se podem apreciar devidamente os valores se não se conhecerem os valores dominantes, os valores que, no pensamento científico, se activam na modernidade.
A posição filosófica que assumo aqui é, certamente, não apenas difícil e perigosa. Contém em si um elemento que arruína: esse elemento ruinoso é o carácter efémero da modernidade da ciência. De acordo com o ideal de tensão modernista que proponho para a história das ciências, essa história terá frequentemente de ser refeita, reconsiderada. Na realidade, é precisamente isso que se passa. E é a obrigação de esclarecer a historicidade das ciências pela modernidade da ciência que faz da história das ciências uma doutrina sempre jovem, uma das doutrinas mais vivas e mais educativas.
Mas não queria dar-vos a impressão de que me limito a desenvolver aqui uma filosofia abstracta da história das ciências, sem recorrer a exemplos históricos concretos. Vou tomar um exemplo muito simples que me servirá para dois fins:

1.º Mostrar-vos-á que o carácter de história julgada esteve sempre activo, mais ou menos nitidamente, na história das ciências;

([67]) Léon Brunschvicg, *La connaissance de sói*, p. 68.

2.º Mostrar-vos-á que esta assimilação do passado da ciência pela modernidade da ciência pode ser ruinosa quando esta não conquistou ainda essa hierarquia dos valores que caracteriza, em particular, a ciência dos séculos XIX e XX.

O exemplo que vou estudar é-me fornecido por uma explicação que o bom físico suíço Jean Ingen-Housz, que escrevia no final do séc. XVIII, pretende dar das propriedades da pólvora. Vai tentar fazer compreender os efeitos da pólvora servindo-se das novas concepções da química lavoisiana, ao nível, portanto, da modernidade da ciência do seu tempo.

Jean Ingen-Housz exprime-se deste modo[68]:

«A pólvora é um ingrediente tanto mais maravilhoso quanto, sem os conhecimentos que temos hoje das diferentes espécies de fluidos aéreos, sobretudo do ar sem flogisto (entenda-se o oxigénio) e do ar inflamável (entenda-se o hidrogénio), parece impossível que se tenha podido imaginar a sua composição *a priori*, isto é, que se tenha podido adivinhar mais cedo que estas três substâncias (enxofre, carvão, salitre, ou mesmo as duas últimas, pois a primeira, o enxofre, não é absolutamente necessária) misturadas, podiam produzir um efeito tão espantoso.»

E Jean Ingen-Housz explica longamente como é que, em suma, não se deveria ter podido inventar a pólvora. Pretende assim tornar compreensível, na actualidade da ciência do seu tempo, aquilo que não podia ser compreendido no momento em que a história fixa a descoberta. Mas acontece que a ciência do tempo de Ingen-Housz não permite ainda a explicação recorrente que faz salientar os valores, e as explicações de Ingen-Housz são um bom

---

[68] Jean Ingen-Housz, *Nouvelles expériences et observations sur divers objects de physique*, Paris, 1785, p. 352.

A ACTUALIDADE DA HISTÓRIA DAS CIÊNCIAS | 249

exemplo desses textos confusos, tão característicos da verdade em vias de constituição, mas ainda muito embaraçados por noções pré-científicas.

Façamos um breve resumo desta modernização prematura. Ela é, do nosso ponto de vista, um exemplo da história das ciências incoativa, da história das ciências que tenta constituir-se.

«O salitre» (afirma Ingen-Housz), composto de potassa e de ácido «chamado nitroso», não contém nenhum princípio ígneo, a potassa, «longe de ser combustível, extingue o fogo» e priva mesmo da sua inflamabilidade os corpos combustíveis «que impregna». Da mesma forma, «o ácido nitroso, por muito concentrado que seja, não pode ser inflamado, e «extingue tanto o fogo como a água». A união destas duas substâncias não ígneas no salitre não cria, para Ingen-Housz, o princípio de ignição. «Pode-se mesmo mergulhar um ferro em brasa numa massa de salitre fundido e ao rubro sem que este se inflame»([69]).

«O carvão, que é o segundo ingrediente necessário ao fabrico da pólvora (continua Ingen-Housz), também não apresenta nada que nos possa fazer suspeitar de que haja o mínimo perigo na sua manipulação. Inflama-se e fica reduzido a cinzas sem o mais pequeno estrépito ou movimento.»

Logo, conclusão de Ingen-Housz, uma vez que os constituintes não possuem em si mesmos nem princípio de ignição nem força de explosão, é natural que a pólvora não possa nem inflamar-se nem explodir. O velho inventor, no dizer de Ingen-Housz, não podia compreender a sua invenção a partir do conhecimento comum das substâncias que combinava.

Vejamos agora como Ingen-Housz em acção tenta dar ao velho conhecimento histórico uma actualidade ao nível da ciência do seu próprio tempo.

([69]) *Loc. cit.*, p. 354.

Considera, com razão, que o salitre é uma fonte de ar sem flogisto (oxigénio). Pensa, erroneamente, que o carvão é uma fonte de gás inflamável (hidrogénio). Sabe que a combinação de dois «ares» se inflama «com uma extrema violência ao contacto com o fogo». Crê, então, estar na posse de todos os elementos para compreender o fenómeno da explosão. Actualiza a história reimaginando, assim, uma descoberta, que considera racional, da pólvora. «Parece-me provável (diz ele) que estas novas descobertas (do oxigénio e do hidrogénio), feitas sem haver a mínima intenção de as adaptar à natureza da pólvora, em breve nos levariam à descoberta deste composto terrível, se não tivesse já sido descoberto por acidente.»

Vemos actuar, neste simples exemplo, uma necessidade de refazer a história das ciências, um esforço para compreender modernizando. Neste caso, o esforço é infeliz, e não (poderiam deixar de o ser numa época em que os conceitos, para se compreender os explosivos, não tinham ainda sido formulados. Mas este esforço infeliz inscreve-se, também ele, na história, e há, segundo cremos, um certo interesse em seguir a história da história das ciências, em vias de reflectir sobre si mesma, esta história sempre reflectida, sempre recomeçada.

Para exprimir todo o meu pensamento, creio que a história das ciências não poderia ser uma história empírica. Não poderia ser descrita na dispersão dos factos, dado que é essencialmente, nas suas formas elevadas, a história do progresso das ligações racionais do saber. Na história dás ciências – para além do elo de causa-efeito – estabelece-se um elo de razão-consequência. Ela está, pois, de certa maneira, duplamente relacionada. Tem de se abrir içada vez mais às organizações racionais. Quanto mais nos queixarmos do nosso século, mais sentimos que os valores racionais conduzem a ciência. E, se considerarmos algumas das modernas descobertas, vemos que, no espaço de alguns lustres, elas passam da fase empírica à organização racional. E é assim que, de uma forma acelerada, a história recente reproduz o mesmo acesso à racionalidade que o processo de progresso que se desenvolve devagar na história mais antiga. (*Conférence ou Palais de la Découverte*, 1951.)

ÍNDICE DOS PRINCIPAIS NOMES CITADOS

Os números indicados referem-se aos números dos textos

ARQUIMEDES	(aprox. 287 a.C. – 212 a.C.) matemático, físico e engenheiro grego, 74.
BALDWIN (James)	(1861-1934) psicólogo americano, 53.
BAUMÉ (Antoine)	(1728-1804) químico francês, 29.
BECQUEREL (Henri)	(1852-1908) físico francês, 55.
BERGSON (Henri)	(1859-1941) filósofo francês, 73.
BERNARD (Claude)	(1813-1878) fisiologista francês, 48.
BIOT (Jean-Baptiste)	(1774-1862) físico, químico e astrónomo francês, 87.
BLACK (Joseph)	(1728-1799) químico escocês, 87.
BOERHAAVE (Herman)	(1668-1738) médico, botânico e químico holandês, 83, 84.
BOHR (Niels)	(1885-1962) físico dinamarquês, 85.
BOREL (Émile)	(1871-1956) matemático francês, 2.
BOUGUER (Pierre)	(1698-1758) matemático, astrónomo e hidrógrafo, 62.

254 | A EPISTEMOLOGIA

BOULIGAND (Georges)	(nascido em 1889) matemático francês, 41, 56, 60.
BOUTROUX (Émile)	(1845-1921) filósofo francês, 28, 30.
BROGLIE (Louis, príncipe de)	(1892) físico francês, 86.
BRUNSCHVICG (Léon)	(1869-1944) filósofo francês, 10, 11, 88.
CAMPBELL (William)	(1862-1938) astrónomo americano, 11.
CANTON (John)	(1718-1772) astrónomo e físico inglês, 15.
CAVENDISH (Henry)	(1731-1810) físico e químico inglês, 41.
CLAIRAUT (Alexis)	(1713-1773) matemático francês, 62.
COMPTON (Arthur)	(1892-1962) físico americano, 13, 22.
COULOMB (Charles)	(1736-1806) mecânico e físico francês, 15.
CUVIER (Georges)	(1769-1832) zoólogo e paleontólogo francês, 21.
DELAMBRE (Jean-Baptiste)	(1749-1822) astrónomo e engenheiro geodésico francês, 62.
DEMÓCRITO	(aprox. 460 – a. C. – aprox. 370 a. C.) filósofo grego, 20.
DESCARTES (René)	(1596-1650) filósofo, matemático e físico francês, 45, 82.
DIDEROT (Denis)	(1713-1784) filósofo e escritor francês, 68.
EDISON (Thomas)	(1847-1931) inventor americano, 18.
FARADAY (Michael)	(1791-1867) físico e químico inglês, 36.
FIZEAU (Hippolyte)	(1819-1896) físico francês, 55, 62.
FOUCAULT (Léon)	(1819-1868) físico francês, 7.
FRANKLIN (Benjamin)	(1706-1790) físico, filósofo e estadista americano, 81.

ÍNDICE DOS PRINCIPAIS NOMES CITADOS | 255

FRESNEL (Augustin)	(1788.1827) físico francês, 86.
GOETHE (Johann Wolfgang)	(1749-1832) escritor e estadista alemão, 58, 59, 67, 75.
HEGEL (G. W. F.)	(1770-1831) filósofo alemão, 15, 37, 41.
HEISENBERG (Werner)	(1901-1976) físico alemão, 20, 47, 69, 70.
HUME (David)	(1711-1776) filósofo inglês, 21, 72.
HUYGENS (Christian)	(1629-1695) matemático, astrónomo e físico holandês, 13.
JANET (Pierre)	(1859-1947) médico e psicólogo francês, 24.
JOULE (James Prescott)	(1818-1889) físico e industrial inglês, 18, 64.
KEPLER (Johann)	(1571-1630) astrónomo alemão, 24.
LACÉPÈDE (Bernard, conde de)	(1756-1825) naturalista francês, 78.
LAVOISIER (Antoine-Laurent de)	(1701-1774) matemático e engenheiro geodésico francês, 2, 33, 41
LAPLACE (Pierre-Simon, marquês de)	(1749-1827) matemático, físico e astrónomo francês, 68.
LEIBNIZ (Gottfried Wilhelm)	(1646-1716) filósofo e matemático alemão, 45.
LEMERY (Nicolas)	(1645-1715) médico e químico francês, 29, 81.
LIEBIG (Justus, barão de)	(1803-1873) químico alemão, 40.
LOBATCHEVSKY (Nicolas)	(1743-1794) químico e fisiologista francês, 10, 33.
LA CONDAMINE (Carles-Mariede)	(1792-1856) matemático russo, 62.
MACH (Ernest)	(1838-1916) físico e filósofo austríaco, 8, 45
MARAT (Jean-Paul)	(1743-1793) médico e político francês, 81.
MARIOTTE (Abade Edme)	(1620-1684) físico francês, 81.

MARX (Karl)	(1818-1883) filósofo e sociólogo alemão, 65.
MAUPERTUIS (Pierre-Louis de)	(1698-1759) matemático, naturalista e filósofo francês, 62.
MENDÊLÊEFF (Dimitri)	(1834-1907) químico russo, 31, 33, 34, 35, 36, 45.
MEYER (Lothard)	(1830-1895) químico alemão, 36.
MEYERSON (Émile)	(1859-1933) filósofo francês, 20, 22, 34.
MILLIKAN (Robert Andrews)	(1868-1953) físico americano, 63.
NEWTON (Isaac)	(1643-1727) matemático, físico e astrónomo inglês, 13, 86.
NIETZSCHE (Friedrich)	(1844-1900) filósofo alemão, 67, 87.
OSTWALD (Wilhelm)	(1853-1932) físico, químico e filósofo alemão, 26.
PAULI (Wolfgang)	(1900-) físico suíço, 34.
PAULING (Linus)	(1901-) químico americano, 85.
PEARSON (Karl)	(1857-1936) biólogo e estatístico inglês, 23.
PERRIN (Jean)	(1870-1942) físico francês, 34.
POINCARÉ (Henri)	(1854-1912) matemático e filósofo francês, 7, 72.
PONCELET (Jean-Victor)	(1788-1867) general e matemático francês, 75.
PRIESTLEY (Joseph)	(1733-1804) químico, físico e teólogo inglês, 13, 24.
PTOLOMEU (Cláudio)	(séc. II) astrónomo, matemático e geógrafo grego, 87.
RAMAN	(1888-1970) físico indiano, 13, 25.
RAYLEIGH (John William)	(1842-1919) físico inglês, 24.
RÉAUMUR (René-Antoine de)	(1683-1757) físico, químico e naturalista francês, 81.
REGNAULT (Victor)	(1810-1878) físico e químico francês, 55.
ROBINSON (Sir Robert)	(1886-1975) químico inglês, 38.
SCHEELE (Carl Wilhelm)	(1742-1786) químico sueco, 83.

ÍNDICE DOS PRINCIPAIS NOMES CITADOS | 257

TORRICELLI (Evangelista) (1608-1647) físico e matemático italiano, 64, 84.
VAN HELMONT (Jean-Baptiste) (1577-1644) médico, naturalista e químico flamengo, 79.
VANINI (Lucilio) (1600-1675) cosmógrafo e matemático holandês, 67.
VOLTAIRE (François-Marie AROUET, conhecido por) (1694-1778) escritor francês, 64.
WEYL (Hermann) (1885-1955) matemático alemão, 20.
ZEEMAN (Pieter) (1865-1943) físico holandês, 13, 27.

ÍNDICE TEMÁTICO

(Os números indicados referem-se aos números dos textos)

Abstracto, 16, 18, 48, 49.
Acção, 1, 20, 22, 23.
Alquimia, 28, 39, 76, 83, 85.
Analogia, 29.
Aplicação, 46, 61.
Aproximação, 7.
Axiomática, 19, 20, 47.
Categoria, 6, 24, 38, 39.
Causalidade, 21, 71, 72.
Cepticismo, 28, 87.
Choque (choquismo), 21, 22, 24.
Coisa (coisismo), 20, 21, 22.
Compreensão, 37, 45, 66, 71.
Conceito, 10, 13, 16, 61.
Concreto, 16, 18, 48, 49.
Conhecimento (vulgar), 2, 3, 8, 18, 21, 22; (imediato), 3, 13, 18; (limitado?), 4; cf. Obstáculo.
Contingência, 28.
Convencionalismo, 1, 49.
Cultura, 59, 64, 67, 85-87.
Dado, 2, 24, 29, 51, 53, 75.
Determinismo, 68-72.
Dialéctica, 8, 32, 36, 37, 47, 87.
Dúvida, 57, 82.
Elemento, 41.
Empirismo, 1, 7, 13, 27, 36, 49, 56, 75.
Energia (energético), 20, 23, 26, 45, 69.
Erro, 52, 64, 87.
Espaço, 9, 12, 20-22, 68.
Especialização, 59, 67.
Estrutura, 23, 36, 47, 50.
Evidência, 22.
Existência (existencialismo), 3, 57.
Experiência, 1, 3, 10, 13, 27, 46, 49, 75.
Explicação, 22, 84.
Facto (científico), 1, 2, 7, 55, 85.
Fenómeno, 1, 13, 16, 20, 45.

Fenomenologia (da existência científica), 3, 59, 67.
Fenomenotécnica, 16, 17, 18, 20, 27, 40, 43, 46, 48, 61, 66.
Ficção, 63.
Formalismo, 49.
Geometria, 24, 26, 69.
História, 34, 50, 64, 74, 85.
Homogéneo (e heterogéneo), 39.
Hipótese, 1, 19, 47, 86.
Idealismo, 1, 46, 49, 65.
Identidade, 2.
Imagem, 20, 21, 22.
Imediato, Í, 24, 29, 39, 41, 51, 53, 86.
Instrumento (científico), 62-64.
Intuição, 3-5, 10, 18, 22, 24, 25, 64, 69, 84.
Libido, 79, 80.
Linguagem, 56.
Matemática (e física), 18, 48.
Matéria, 17, 20, 23, 24, 30, 39.
Medida, 1, 44, 62-64.
Metafísica, 4, 6.
Método, 1, 5, 11, 56-61.
Modelo, 24.
Movimento, 23, 24.
Não, 6, 52.
Natureza, 3, 75, 77.
Número, 32.
Objectividade, 11, 12, 20, 28, 53, 54, 56, 57.
Obstáculo, 73, 74; (exemplos de obstáculo), 21, 22, 25, 27, 29, 75-82.
Opinião, 73; cf. senso comum.

Pedagogia, 1, 16, 41, 74, 80, 85-87.
Pluralismo (filosófico), 6; (racional), 37; (dos métodos), 59.
Polémica, 6, 10.
Positivismo, 2, 34, 49.
Pragmatismo, 49, 59.
Precisão, 1, 56, 62, 64.
Problema (problemática), 4, 55, 57.
Psicanálise, 17, 28, 53, 73-84.
Psicologia (do espírito científico), 6, 17, 40, 46, 49, 67, 73-75.
Pureza, 42-43.
Racionalidade, 26, 28, 31.
Racionalismo, 1, 6, 7, 17, 26, 46, 47, 56, 69, 87.
Racionalização, 88.
Razão (devir da Razão), 1, 4, 5, 72, 74; (consciência racional), 88.
Real (realismo), 2, 6, 11, 12, 18, 20, 26, 34, 49.
Recorrência, 7, 48, 67, 87, 88.
Rectificação, 56, 67.
Reflexão, 2, 7.
Relação, 1, 9, 20.
Relatividade, 8.
Ruptura, 2, 32; (exemplos de ruptura), 16, 20, 53.
Senso comum, 8, 85.
Símbolo, 34, 38.
Simplicidade, 10, 41.
Sistemas (filosóficos), 6.
Sociedade (a ciência como sociedade), 40, 43, 47, 65, 66, 75, 85.

ÍNDICE TEMÁTICO | 261

Substância, 1, 18, 31, 36, 38, 39, 76, 83.
Tempo, 9, 10, 23. Totalidade, 68, 72.
Universo, 68, 69, 72.
Valência, 37.
Valor, 7, 65, 66, 73, 77, 84, 88.
Verdadeiro, 11, 73.
Verificação, 10.
Vida, 78.

ÍNDICE

Advertência. 7

Lista das Obras Epistemológicas de Bachelard . . 9

PONTOS DE PARTIDA

I – *A «novidade» das ciências contemporâneas*. 13
   A) «Mensagens de um inundo desconhecido...». 13
   B) Ruptura com o conhecimento comum 16

II – *A «preguiça» da filosofia* 19
   A) Negligência 19
   B) Pretensões 21

III – As *questões do epistemólogo*. 27

Secção I
AS REGIÕES DA EPISTEMOLOGIA

I – *A noção de região epistemológica*. 33

II – *Epistemologia da física*. 37

A) A «provocação» relativista 37
   1 «Esta novidade é uma objecção...» 37
   2 Desvalorização das «ideias iniciais» 39
   3 «A objectivação de um pensamento em busca
     do real» 40
   4 O desconhecimento realista 43
B) História epistemológica do «electrismo» 44
   1 O empirismo do séc. XVIII 44
   2 «Desrealização» do fenómeno eléctrico ... 48
   3 Formação do conceito de «capacidade eléctrica» 50
   4 A «fórmula» do condensador 53
   5 «Socialização» do electrismo 57
C) O atomismo 62
   1 A noção de corpúsculo na física contemporânea 62
   2 Derrota do «coisismo» 70
   3 Derrota do «choquismo» 71

II – *O conceito científico de matéria na física contemporânea.* 74
   1 A física contemporânea é «materialista» 74
   2 Ela não é empirista 76
   3 Ela não descreve, «produz» fenómenos 80
   4 É uma ciência de «efeitos» 81

III – *Epistemalogia da química.* 83
   A) Os obstáculos ao «materialismo racional» ... 83
      1 Retrospecções intempestivas 83
      2 Analogias imediatas 87
      3 A categoria filosófica de matéria 90
   B) O «materialismo racional» 92
      1 Classificação dos elementos 92
      2 O simbolismo químico 106
      3 A «socialização» da química contemporânea 110
      4 O conceito científico de matéria na química
        contemporânea 122

Secção II
AS CATEGORIAS PRINCIPAIS DA EPISTEMOLOGIA

I – *O racionalismo aplicado* 129
   A) A noção de «racionalismo integral» 129
      1 Não é um racionalismo «de todos os tempos
        e de todos os países» 129
      2 É um racionalismo dialéctico 131
   B) Racionalismo aplicado e filosofia 135
      1 Matemática e experimentação........... 135
      2 O espectro filosófico 139
   C) Conceitos fundamentais do racionalismo aplicado................................. 143
      1 Uma epistemologia histórica............ 143
      2 A noção de objectividade............... 147
      3 A noção de «problemática».............. 155
      4 A noção de «método científico» 156
      5 A noção de aplicação.................. 161

II – *O materialismo técnico*........................ 165
      1 Instrumentos e precisão................... 165
      2 A «cidade científica» 170
      3 As questões do determinismo 180

III – *A psicanálise do conhecimento objectivo*............. 191
   A) Princípios 191
      1 A noção de «obstáculo epistemológico»... 191
      2 Alguns obstáculos..................... 197
   B) Ilustrações históricas 209
      1 «Extensão abusiva de uma imagem familiar» 209
      2 Química e alquimia do fogo 215

Secção III
PARA A HISTÓRIA DAS CIÊNCIAS

I – *Continuidade ou descontinuidade?* 225

II – *O que é uma síntese histórica?* 237
   1 Uma «síntese transformante» 237
   2 «Ciências sem antepassados»: um «acto epistemológico» 239

III – *A actualidade da história das ciências* 245

Índice dos Principais Nomes Citados 253

Índice Temático 259